《亲历者》编辑部　编著

中国铁道出版社
CHINA RAILWAY PUBLISHING HOUSE

图书在版编目(CIP)数据

加拿大穷游也行／《亲历者》编辑部编著 .—北京：中国铁道出版社，2018.1

（亲历者 . 穷游也行）

ISBN 978-7-113-22897-2

Ⅰ . ①加… Ⅱ . ①亲… Ⅲ . ①旅游指南－加拿大 Ⅳ . ① K971.19

中国版本图书馆 CIP 数据核字（2017）第 042449 号

书　　名：加拿大穷游也行

作　　者：《亲历者》编辑部　编著

策划编辑：聂浩智

责任编辑：王　宏

版式设计：袁英兰

责任印制：赵星辰

出版发行：中国铁道出版社（100054，北京市西城区右安门西街 8 号）

印　　刷：中煤（北京）印务有限公司

版　　次：2018 年 1 月第 1 版　2018 年 1 月第 1 次印刷

开　　本：880mm×1230mm　1/32　印张：10　字数：340 千

书　　号：ISBN 978-7-113-22897-2

定　　价：48.00 元

班夫国家公园

这页文字时

当你看到

我猜

封面做得还算成功，起码它没恶心到你

我猜

你喜欢旅游，想去加拿大，并且想尝试穷游

我猜

你在怀疑这本书是不是哗众取宠，作者是不是很靠谱

FOREWORD

说实在话，在一个地方待久了，在一种环境中生活得太久，就应该出去走走，换换心情，看看外面的世界。

尽管去过多次加拿大，虽不敢说对加拿大有多么深入的了解，但依旧保持着一颗对加拿大的向往之心，带着自己的习惯和性格，游走在加拿大的大街小巷。

旅行是成长与历练的过程，它不是工作，所以谈不上经验，只能凭着自己的认识和对加拿大的了解，提供最实用的信息。

真诚做人、真诚做事是我的一贯准则，错了就改，落后就努力进步，尊重世间任何事与物。所以，我以诚提笔，将所能提炼出的加拿大信息尽数奉上。

再啰嗦两句

穷游不是去受罪，而是高效的旅行，同样的花销，有人只去多伦多潇洒了一把，而有人却把加拿大体验了个遍。同样，穷游能让更多人出国旅行成为可能，大学生可以普通职员可以普通家庭也可以。

希望上面的碎言碎语可以打动你，并使你准备着手去加拿大。关于本书，更希望你能挑出其中的不足，并发送至意见信箱：BJJZBOOKS@126.com。在旅行的道路上，你永远不可能是一个人。

CON-目录
TENTS

行前实用干货

14

准备做得好，出行不用愁

42

了解复杂的交通是穷游的关键

62

既要住好又要省钱

70

这样游览更便捷

Chapter ONE

加拿大中部区

118

多伦多

渥太华

魁北克市

蒙特利尔

Chapter TWO

加拿大草原区

202

Chapter THREE

加拿大西海岸区

254

温哥华

Chapter FOUR

加拿大北部区

284

怀特霍斯

耶洛奈夫

Chapter FIVE

加拿大 东部大西洋区

300 哈利法克斯

APPENDIX

附录

314

行前实用
干货

准备做得好 出行不用愁

▌加拿大地区分布示意图

掌握最有用的基本信息

地理分布情况

加拿大领土面积为998万平方公里，位居世界第二。国土大部分位于北极圈之内，人口主要集中在南部五大湖沿岸，是世界上拥有最高生活品质、社会最富裕、经济最发达的国家之一。加拿大有五大地理区，分别是：东部大西洋区、中部区、草原区、西海省区和北部区。

加拿大地理区域分布情况			
地理区	省份（中/英）	代表城市	代表景观
东部大西洋区	爱德华王子岛省/Prince Edward Island 新斯科舍省/Nova Scotia 新不伦瑞克省/New Brunswick 纽芬兰省/Newfoundland	夏洛特敦/ 哈利法克斯/ 弗雷德里克/ 圣约翰/ 圣约翰斯	加拿大联邦大桥/ 绿山墙的安妮主题公园
中部区	安大略省/Ontario 魁北克省/Quebec	多伦多/ 渥太华/ 魁北克市/ 蒙特利尔	尼亚加拉瀑布/ 加拿大国家电视塔/ 枫叶走廊
草原区	马尼托巴省/Manitoba 萨斯喀彻温省/Saskatchewan 艾伯塔省/Alberta	温尼伯/ 里贾纳/ 埃德蒙顿/ 卡尔加里	贾斯珀国家公园/ 麋鹿岛国家公园
西海岸区	不列颠哥伦比亚省/British Colum	温哥华/ 维多利亚	美术馆/博物馆
北部区	育空地区/Yuko 西北地区/Northwest Territories 努纳武特地区/Nunavut	怀特霍斯/ 耶洛奈夫	极光观赏

气候及衣着

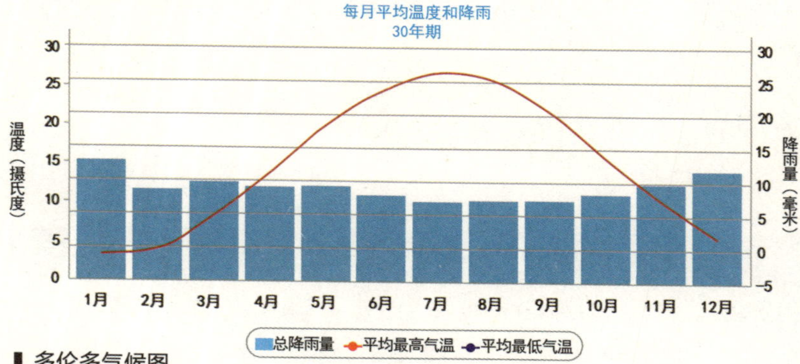

▌多伦多气候图

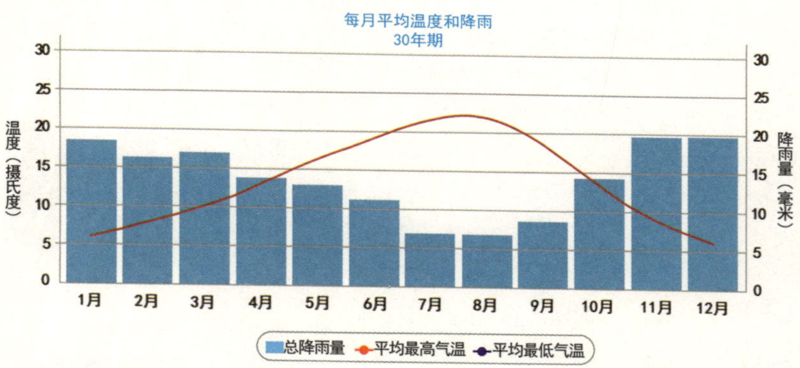

▌温哥华气候图

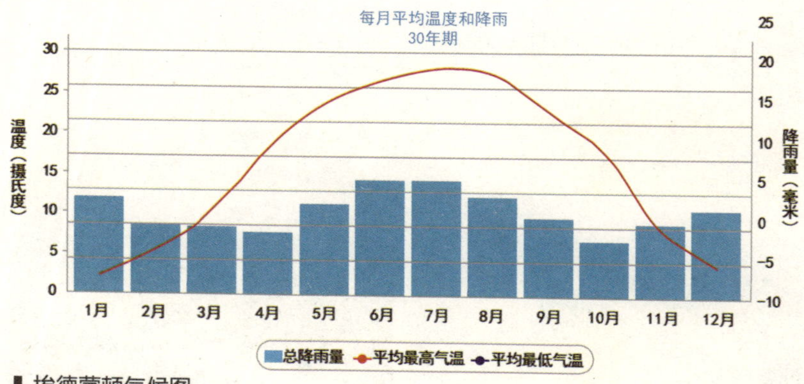

▌埃德蒙顿气候图

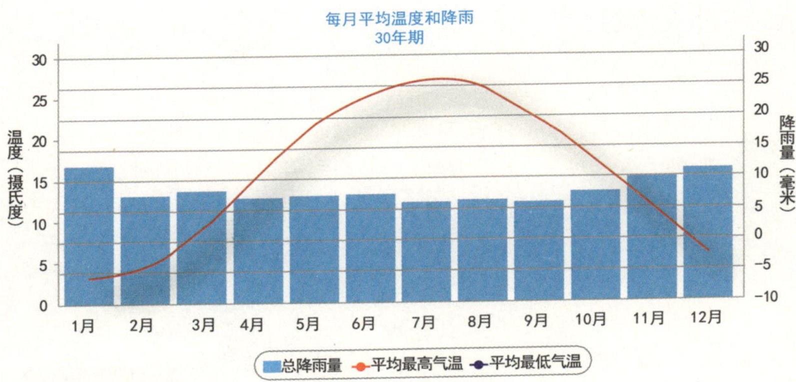

▌蒙特利尔气候图

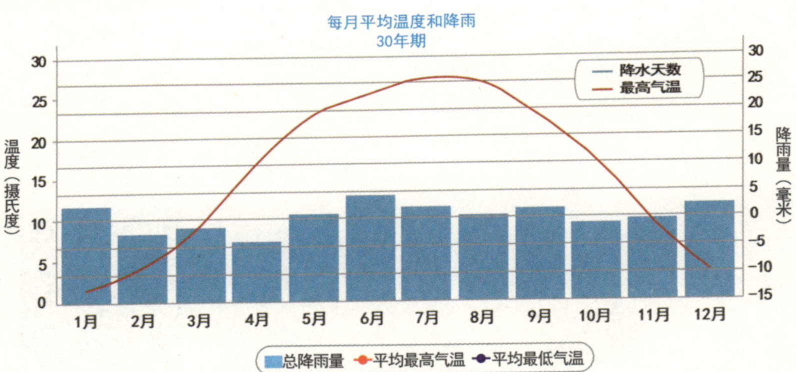

▌温尼伯气候图

加拿大四季及穿着				
季节	时间	明显特征	适合活动	衣着
春季	西海岸2月/其余地方4～5月	气候回暖，樱花盛开	赏花、近海荡舟划桨	风衣、夹克衫、不透风的衣物
夏季	6～8月	比较炎热，但早晚比较凉爽	游泳、划船、野外露营、漂流	薄T恤衫、短衣短裤等清凉夏装
秋季	9～10月	满目枫叶景象，气候温和宜人	徒步、观赏枫叶美景	衬衫、长裙、薄夹克衫等清凉透气的衣服
冬季	11月至次年1月（西海岸）/3月（其余地方）	温度一般在零摄氏度以下，大部分地区白雪皑皑	滑雪、溜冰、狗拉雪橇、高山美食	毛衣、棉外套、厚手套、羽绒服、雪地靴等防寒保暖的衣物

TIPS 加拿大沿海地区天气阴晴不定，出门游玩时，一定记得带上雨具和比较厚实的衣服，另外加拿大夏季天气炎热，出门前需做好防晒措施，避免晒伤。可通过加拿大气象局二维码查询加拿大天气情况。

weather.gc.ca/canada_e.html

时差和电压

时差

加拿大共分6个时区：纽芬兰时区、大西洋时区、东部时区、中部时区、山地时区、太平洋时区。加拿大的6个时区东西时差4.5小时。正常情况下，温哥华时间比北京时间晚16小时。加拿大在3月第2个周日到11月第1个周日实行夏时制，时间拨快1小时。

加拿大时区与北京时差		
时区名称	适用地区	非夏令时期间与北京时间的时差
纽芬兰时区	西四区，如圣约翰斯	相差11.5小时
大西洋时区	西四区，如哈利法克斯	相差12小时
东部时区	西五区，如渥太华	相差13小时
中部时区	西六区，如温尼伯	相差14小时
山地时区	西七区，如埃德蒙顿	相差15小时
太平洋时区	西八区，如温哥华	相差16小时

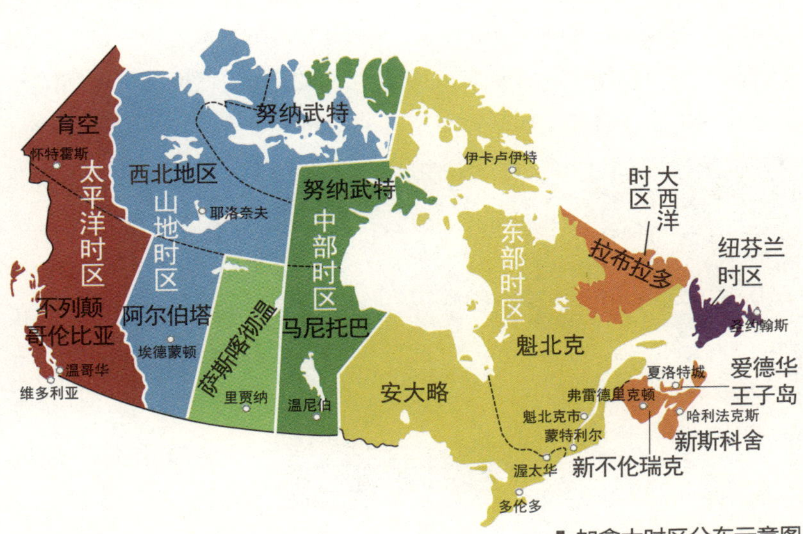

加拿大时区分布示意图

电压

加拿大家用电源电压是110V，频率60HZ，而国内的电器通常适用220V，只有部分电器电压适用（详见产品标识），需根据个人情况准备变压器。

插座

加拿大的三孔插头上面一个为圆的，下面两个为平行的扁的，三孔插头要加转换头，如不适用110V则要加变压器。

两孔的插座是扁的，如果你的电器是双脚插头，电压适用范围为110~240V，可直接用，否则也要加变压器。

银行卡与小费

银行卡

加拿大通用货币为加元，在去加拿大之前，可办理一张带有加拿大通用货币的信用卡，在预订机票和酒店时都会用信用卡结算。主要的信用卡如维萨卡（VISA）、万事达（Master Card）、比萨卡（BISA）和美国运通卡（American Express）等在加拿大境内被广泛接受。除了以上信用卡，在加拿大使用中国银联卡也很便捷。中国银联早在2009年就开通了在加拿大商户及ATM的使用受理业务，多台ATM可接受银联卡提取现金。其中，加拿大帝国商业银行（CIBC）的ATM遍布全境，在多伦多、温哥华、卡尔加里、蒙特利尔等主要城市分布最为集中。

TIPS 在加拿大的大型购物中心购物或租车的游客，记得要使用信用卡，比较方便，且在租车时可以免缴高昂的保证金。在加拿大使用信用卡，通常还能享受1%左右的返现优惠。

兑换加元

兑换加元，可以在国内兑换也可去加拿大之后再兑换。在国内兑换，可以到中国银行、招商银行等汇率相对较高的银行兑换加元。在加拿大兑换，可到加拿大的中国银行兑换、也可在机场兑换。此外，还要记得兑换一些小面额的加元，购买小件商品和乘车比较方便。

TIPS 中国海关规定，每人出入境可以携带不超过2万元人民币的现金或等值外币，如果超过则须向中国海关申报；加拿大规定不能携带超过1万加元的现金出入境，否则需填表申报。另外，建议办一张城市商业银行的储蓄卡，存钱后到加拿大可以直接提取加元，且每月有多笔境外跨行取现不收取手续费的优惠（指国内银行不收取），但加拿大的ATM普遍收取手续费。

小费

加拿大餐厅服务人员小费一般为消费额的15%，少数餐厅账单内已含小费，可事先询问清楚。出租车小费通常为车费的10%～20%，如果是机场接送，司机帮你搬行李的话一般每份给1或2加元小费。如果酒店前台人员为你提供附近一些不错餐馆的信息，并帮助你成功预定一些很难预定的地方，可以视服务难度给5～20加元的小费，酒店房间服务人员每天应付2～5加元的小费。

TIPS 付小费时，不要给付大量面额过小的硬币。

邮政与快递

邮政

加拿大邮局分布在城市的各个角落，营业时间一般为周一至周五9:00～17:30。如果想要邮寄信件、明信片之类的小物件，直接使用邮箱进行邮寄即可。邮箱设在大马路上或者购物中心等地，邮箱通常是红色的，如果是大包裹则需到邮局去寄。在加拿大任何一个邮局都有邮票出售，另外在很多药店、酒店大厅、机场、火车站、汽车站和报摊杂志社里也可以买到。单枚邮票价格是1加元，加拿大邮寄国内信件资费约为3.8加元（含税）。

详情可扫右侧加拿大邮局二维码了解。

www.canadapost.ca

快递

如果想从加拿大邮寄包裹到国内，可以选择当地华人常用的北美星快递，价格相对较低，服务较好。也可以选择一些大型快递公司，如家家通国际物流NEWSWAY、联纵国际快递Wecom Transit、美通快递VALUEWAY。

详情可扫描以下二维码了解。

北美星快递官网二维码（www.naskd.com）

家家通国际物流二维码（www.newsway.ca）

联纵国际快递二维码（www.wecomtransit.com）

美通快递二维码（www.valueway.net）

行李分类

所需准备的行李	
种类	详情
必备物品	护照、机票和酒店订单、现金（人民币、加元）、信用卡、保险单及紧急清单、充电器和转换插头、驾照及翻译件（自驾需准备）
备用装备	证件照、手机翻译软件、相机和手机等电子产品及备用电池、移动Wi-Fi、充电宝、纸质通讯录（记录应急号码）、雨伞（一次性雨衣）、旅游资料、行李牌（标明自己的名字、联系方式）、笔和纸、保温杯、手电筒等
飞机上用品	充气枕、眼罩、耳塞、放松拖鞋、书（打发时间）

续表

种类	详情
衣物、洗漱用品	视出行季节而定，夏季带一些短衣短裤、防晒衫；春秋季节带一些衬衫、长裙和一件不透风的保暖大衣；冬季带一件防寒保暖的毛衣、棉服、防水保暖的鞋子。另外，由于加拿大各地气候差异较大，无论哪个季节出行都需准备一件保暖的衣物
	洗漱用品：牙膏、牙刷、毛巾、旅行装小样、拖鞋
药品	普通感冒药、创可贴、肠胃药、过敏药

TIPS 护照、机票行程单、签证、保险单之类的重要文件可扫描上传到邮箱和U盘，以备不时之需。

快速拿下签证的技巧

因为加拿大是移民国家，所以在办理个人旅游签证要求比较严，需要准备的材料较多。你需尽可能提供全面的材料，在你所提交的申请材料中，拥有稳定的工作及收入，并且有足够的资金，没有滞留的可能性等这些情况会增加出签的成功率。其中工作证明和资产证明是非常关键的签证材料。有关签证具体信息，可通过右侧二维码获取。

www.vfsglobal.ca/canada/china

首先要知道

★目前加拿大单次往返签证收费标准已被取消，申请人只要申请就会被默认为申请多次往返签证。申请签证的要求与往常一致，虽然无须面试但需要准备较多的材料。

★持临时居民访问（访问者）签证可最多在10年内多次往返加拿大，每次停留时间不得超过6个月；过境签证不得超过48小时。

★为了避免签证过程中出现意外状况，建议在计划出行日前至少60天内递交签证申请。

办理签证基本材料

★有效期在6个月以上的护照原件（至少有一张签证空白页）和复印件，如有旧护照需一并提供。

★护照规格6个月内近照4张。

★黑色签字笔填写临时居民申请表（IMM5257表）、家庭信息表（IMM5645表），可扫描以下二维码下载填写。

临时居民申请表
IMM5257表下载

家庭信息表
IMM5645表下载

★户口本及身份证的原件和复印件。

★证明申请人存款历史和工资收入的银行存折复印件、近期银行账户交易明细或工资单复印件，以及其他有关资金、财产的证明材料。

★提供自己工作单位的准假信，信上要注明你的职位和月薪，在职时间以及公司的准假证明，还要写上公司签发准假信的人员的姓名和联系方式。如果你是私营业主，只要提供营业执照的复印件即可。

★详细的旅行行程安排即行程单。

★其他补充材料（IMM5257表附表、家庭照片等）。

TIPS 除非特别注明，所有表格都必须用英文或法文填写，所有中文材料必须附有英文或法文的翻译件。强烈建议使用激光打印机打印申请表格，且用白色、质量好、光滑的纸打印。

关于资产证明，还需着重强调以下几点：

1.有工资卡账户的，尽量提供工资卡账户流水单，实在没有再提供其他银行卡的流水账单，建议提供半年到一年的。

2.建议提供最近3～6个月的信用卡对账单。

3.建议在银行流水余额不多的情况下提供存款证明，作为支持材料。若提供存款证明，通常需要前往银行做冻结和开证明单，冻结到旅行结束之后即可。

4.如果你名下还有没有到期的定期存单，也是很管用的一项资金证明。

5.房产证复印件、车辆行驶本复印件、个人所得税完税证明、社保证明等其他资金证明。

6.提供的资金证明一定要符合你个人的收入情况，避免有较大偏差。

多说两句

★如有第三方人士帮助你准备此次申请，需填写代理人信息表（IMM5476E），可扫描右侧二维码下载填写。

代理人信息表
IMM5476E表下载

★如选择中介协助申请人安排此次行程，还需提交中介的全称和地址。

★申请人如在过往5年内曾获得过加拿大签证且在加拿大境内无不良记录，需要递交一份陈述此次申请访问加拿大的目的证明。

★对于60岁以上的申请人，使馆可能会要求前往指定的医院进行体检。

★除自己到签证申请中心办理外，也可选择委托旅行社办理或是邮寄申请签证。另外，如果你的英文水平为高中以上，可以在网上申请签证，节约旅行开支。

这样做很划算

★可在网店找相关店铺帮你办理签证，你只需要准备好资料，他们会全程帮忙翻译、投递，最后出签后还包邮。如果害怕个人信息被泄露，可找一些知名的、规模较大的旅行社代办。

收藏和安装这些网站与APP

出行类

Google地图

Google地图是一个实用的地图软件，能帮助你在加拿大快速找到你要到达的目的地，包括规划符合你要求的路线。而且Google地图支持下载离线地图，可以先把加拿大的地图下载到手机或iPad，到时候不用联网也可以使用了。可扫描以下二维码通过Google地图官网下载该软件。

苹果版扫二维码下载

（网页版）www.google.cn/maps

TomTom

TomTom是全球最大的导航系统，只需要将机器安装在固定的车架上并打开开关就可以进行导航了，如果自驾出游、可以准备一个这样的软件。只需确定好你想 去的地方，TomTom就会为你规划出快捷的路程。可扫描右侧二维码通过TomTom Canada GPS官网下载该软件。

（网页版）www.tomtom.com/en_ca

Wi-Fi Finder

在国内我们早就养成了有免费Wi-Fi绝不用自己流量的好习惯，Wi-Fi Finder在全球144个国家和地区有超过650000个Wi-Fi热点。装上这款软件，再配合GPS功能，就可以在加拿大迅速找到附近的无线热点。可扫描以下二维码通过Wi-Fi Finder官网下载该软件。

（网页版）www.avast.com/wifi-finder

Transit

这是一款实时应用的交通软件，这款软件覆盖北美和欧洲多个城市的交通信息。在上面可以看到加拿大各个城市内部实时到达离你最近的公共汽车和火车信息，离线的时候还可以查询交通时刻表和路线等信息。可扫描二维码通过Transit 官网下载该软件。

（网页版）transitapp.com

Waze

Waze是全球最大的社区化交通导航应用程序之一。Waze利用移动设备的GPS来获取有关路面交通流量的信息，共享实时交通道路信息，从而向驾驶员提供更好的行车路线，也可以更好地了解加拿大的交通信息情况。选择自驾的朋友可以扫描以下二维码在Waze网站下载该软件。

（网页版）www.waze.com

旅游类

Lonely Planet

Lonely Planet是一款地图及攻略指南软件，把你想去的城市以

（网页版）www.lonelyplanet.com

及该城市的各类信息下载到手机上，即使没有网络也能让你对所去的城市了如指掌。使用GPS功能搭配离线地图，哪怕是在最混乱的城市中你也不会迷路。可扫描上页二维码通过Lonely Planet官网下载该软件。

去探索

去探索（Triposo）是一款全球旅行攻略软件，内容涵盖离线地图、酒店预订、景点门票、当地游精选等多个部分，是目前非常受欢迎的软件之一。可扫描以下二维码下载该软件。

苹果版扫二维码下载

加拿大10大旅游胜地APP

加拿大10大旅游胜地APP，是一个介绍顶级热门城市的旅游指南，能让你体验所有视听感受。APP上提供大量优美的照片、视频、描述和互动地图，使用非常方便。你可在苹果App Store（扫描二维码可获取相应网站）上搜索并下载该软件。

苹果版扫二维码下载

畅游加拿大APP

畅游加拿大APP是一款畅游翻译系列应用软件，语库涵盖常用饮食、住宿、交通、购物、应急等旅行词汇，所有发音均标注汉语谐音，操作简单、易用。另外，还有北京时间与加拿大各时区对照时间，同时辅助常用汇率计算、急救电话等旅行应急功能及推荐线路。你可在苹果App Store（扫描二维码可获取相应网站）上搜索并下载该软件。

苹果版扫二维码下载

TIPS 更多的加拿大信息，可以通过下页加拿旅游局及热门省份、地区旅游局的官网了解，详情可扫描下页二维码。

加拿大各地旅游局信息			
名称	官网二维码	名称	官网二维码
加拿大旅游局 www.canada.travel		安大略省旅游局 www.ontariotravel.cn（中文版）	
魁北克省旅游局 quebecoriginal.cn（中文版）		阿尔伯塔省旅游局 www.travelalberta.cn（中文版）	
不列颠哥伦比亚省旅游局www.hellobc.com.cn（中文版）		多伦多市旅游局 www.seetorontonow.com	
温哥华市旅游局 www.tourismvancouver.com		维多利亚市旅游局 www.tourismvictoria.com	

翻译类

Google 翻译

Google翻译可以在103种语言之间互译，其中的离线翻译功能也能翻译出52种语言，如今推出即时相机翻译功能，你可以用手机摄像头拍摄任何标志或任何其他文本，并将它翻译成中文。在国外，Google的服务器非常稳定快速，对于出门在外的你来说非常实用。可扫描以下二维码下载该软件。

苹果版扫二维码下载

（网页版）translate.google.cn

旅行翻译官

旅行翻译官包含40多个语种、多国语音包，每个语种里根据不同的场景进行分类，方便查找。还可以使用实时语音翻译，方便与人沟通。另外，为节省流量，你可以使用提前下载好所需的语言种类。可扫描右侧二维码下载该软件。

二维码扫描下载界面（可分别下载苹果版和安卓版）

Read For Me

出国旅行时，识别路牌、菜单、打折信息等，总是不小的难题。再加上不懂异国语言，可能连打字都无从下手，更别提翻译了。而Read For Me是一款创新型图片翻译软件，可拍摄照片并且直接翻译，非常适用于不懂外语的游客。该应用能识别超过38种语言，并能将它们翻译成42种语言，还提供多种语言的发音功能。可扫描右侧二维码下载该软件。

苹果版扫二维码下载

美食类

猫途鹰

猫途鹰是一款集海外旅游酒店预订、景点点评、美食点评，以及搜罗附近吃喝玩乐信息的多功能软件。提供有多家餐饮店信息及相关的美食点评，是你旅途的好搭档。可扫描以下二维码进行下载。

苹果版扫二维码下载

（网页版）www.tripadvisor.cn

Yelp

“Yelp”是美食点评界的鼻祖，除记录了美国的各大美食餐厅外，还记录了加拿大、英国、法国、德国等欧洲国家及澳大利亚等许多国家的美食地。使用Yelp软件寻找附近的餐馆、商店，并通过上面的图文介绍和推荐路线能找到最地道的美食。可扫描以下二维码下载该软件。

苹果版扫二维码下载

安卓版扫二维码下载

爱吃

爱吃是一款加拿大外卖软件，天气不佳时窝在住宿地不愿出门的你，可以在这款软件上寻找热门的餐厅，浏览所有美食高清图片，并选择你喜爱的美食。可扫描以下二维码下载该软件。

苹果版扫二维码下载

住宿类

Booking

Booking是一款便捷的全球订房软件，包括加拿大在内的绝大多数国家的酒店信息都有记录。每个酒店的信息都很详尽，各类真实住客点评能够帮你找到心仪的住宿地。详情可直接扫描以下二维码。

苹果版扫二维码下载

（网页版）www.booking.com

Airbnb

Airbnb拥有遍布世界的近百万短租民宿，是当下热门的住宿软件。设有公寓、特色树屋、城堡、海上小屋等多种风格的住宿地，让你拥有独一无二的住宿体验。而且价格相对较低，适合自由行达人和背包客。详情可直接扫描以下Airbnb官网二维码。

（网页版）zh.airbnb.com

Airbnb爱彼迎。旅行中，像当地人一样生活。

地点 时间 入住日期 → 退房日期 房客 1位房客

热门体验

$72 Sip vermouth after a scenic sail

$80 Spend an afternoon making a hat and sipping tea

$84 Sample Seoul's secret culinary gems with a master

Hotel Tonight

Hotel Tonight是一款提供当日酒店预订服务的应用程序，如果在行程中突然决定要在附近住宿，或者因事耽搁了行程，不得不就近住宿，Hotel Tonight是最好的选择。详情可扫描以下二维码。

苹果版扫二维码下载

（网页版）www.hoteltonight.com

Hotwire

Hotwire是一款价格亲民的住宿软件，APP上的酒店覆盖了大量平民旅馆，价格从几十到数百加元不等，对于穷游来说，这款APP是一个非常不错的选择。详情可扫描Hotwire官网二维码。

（网页版）www.hotwire.com

购物类

Red Flag Deals

Red Flag Deals 是加拿大本地最大的打折信息网站之一，该网站不仅向用户提供最新的打折信息和试用品，而且还有独家的购物优惠。具体信息可扫描以下Red Flag Deals 官网二维码。

（网页版）www.redflagdeals.com

ebay加拿大

ebay加拿大是一个可让全球民众上网买卖物品的线上拍卖及购物网站，在这上面可购买或出售电子产品、汽车、服装、收藏品、体育用品、儿童用品等众物品多种类。具体信息可扫描以下ebay加拿大官网二维码。

（网页版）www.shop.ca

SHOP.CA

这是加拿大的综合性购物网站，拥有数以百万计的产品，在这里可以找到你需要的各类商品，具体信息可扫描以下SHOP.CA官网二维码。

（网页版）www.groupon.ca

Groupon加拿大

Groupon加拿大是一个全球性的团购网站，在Groupon加拿大网站上可以找到众多旅游、餐厅、购物等团购商品。订阅电子报可以收到最新的团购信息。具体信息可扫描以下Groupon加拿大官网二维码。

（网页版）www.ebay.ca

如何保证随时联系和有网络可用

去加拿大旅游，如果只是短时间停留，可使用国内的手机，开通国际漫游即可；但是国际漫游网络费用通常较高，建议在出国前打电话给中国移动或中国联通，关闭网络功能。另外，加拿大的Wi-Fi普及率很高，很容易找到免费的网络。如果拨打电话较多，并且需要使用网络，可到达加拿大后在当地购买长途电话卡能更省费用。

电话卡

在加拿大停留时间较长的游客，建议选择加拿大三大手机网络运营商Rogers、Telus、Bell，购买预付的SIM电话卡。三家均为全加运营商，网络覆盖方面在个别省略有差异，但都比较稳定。另外，三家公司旗下的许多中低端子公司，如Fido、Chatr、Virgin Mobile、Kodoo等也很适用。

TIPS 加拿大4G是LTE制式，只有在美国和加拿大买的手机，才能使用LTE。从国内带去的手机在加拿大使用，只能用3G或2G，而国内的3G网络制式分为中国联通WCDMA、中国电信CDMA、中国移动TD-SCDMA三种。如果手机支持WCDMA，则使用当地的手机卡在加拿大当地使用WCDMA网络制式上网；如果不支持，便只能使用通用的GSM（即2G）打电话和发短信，但不能上网。如果还是不太理解，可以在国内出售加拿大电话卡的网店去了解，在出发前就把电话卡搞定会更加省心。

Rogers

Rogers是加拿大用户数量最多的移动运营商，Rogers的手机网络信号稳定，通话清晰，上网速度快，而且能签约的手机品种比较多。但就是资费较高，手机流量赠送的也不多。Rogers公司的营业厅比较常见，几乎在商场附近都有。具体信息可扫描右侧官网二维码了解。

（网页版）www.rogers.com

Fido预付卡

Fido预付卡是加拿大Rogers旗下的子公司，在加拿大有最广的GSM/WCDMA讯号范围，可以在Fido各门店购买。资费相较于Rogers要便宜很多，但可以签约的手机型号较少。进店出示护照、信用卡，工作人员就会帮你把卡顺利插入手机使用。游客普遍会选择既有拨打又有流量的套餐，最便宜为45加元（300分钟通话，17:00至次日7:00及周六、周日全天加拿大境内不限时通话，400MB流量，视频图片不限量发送）。具体信息可扫描右侧官网二维码了解。

（网页版）www.fido.ca

Bell

Bell是一个历史悠久的电信业巨头，信号、网络和Rogers、Fido没有多大区别，能签约的手机也不少，资费也和Rogers差不多，偏贵。在加拿大境内使用，月费20加元，加拿大境内免费100分钟主叫，超出部分主叫加拿大境内0.2加元/分，加拿大境内接听0.2加元/分，主叫中国0.4加元/分钟，短信发送中国0.25加元/条。具体信息可扫描右侧官网二维码了解。

（网页版）www.bell.ca

Telus

Telus是加拿大三大手机网络运营商之一，Telus和Bell 签有网络共建协议，加拿大西部地区以 Telus 基站为主，加拿大东部以 Bell 基站为主，两家公司共享网络硬件设施。Telus的手机套餐选择较少，有通话、短信、上网，建议选择混合类，既包含通话时长也有免费短信和流量，比较适合游客使用，营业厅在机场附近和商场周边都有。具体信息可扫描右侧官网二维码了解。

（网页版）www.telus.com

TIPS 一般来说，在国内支持移动/联通2G网络的手机在加拿大都可以使用Rogers的2G网络，而支持电信2G网络的手机则可以使用Bell及Telus两家公司的2G网络。在3G上，加拿大三大运营商所使用的网络制式都与中国联通的3G网络类似。另外，中国运营商使用的频段为900/1800，与北美地区常用的850/1900不相同，虽然现阶段大部分手机厂商都同时支持这两种频段，但是建议在出发前检查自己的手机所支持的频率，避免在加拿大遇到没有信号的尴尬。

从加拿大拨打中国座机：011+86+区号+座机号。

从加拿大拨打中国手机：011+86+手机号码。

从中国拨打加拿大手机：001+86+手机号码。

从中国拨打加拿大座机：001+86+区号+座机号。

随身Wi-Fi

随身Wi-Fi如今已经十分普及，目前除了某些需要一次性购买的随身Wi-Fi设备外，更主流的方式还是日租。租用随身Wi-Fi相对价格比较低，也不用承担硬件的费用，每天只产生网络使用费。首先打开Wi-Fi盒子的开关和手机的连接Wi-Fi功能，你就会搜到一个用户名、然后输入密码就可以连接上了（用户名和密码都在Wi-Fi盒子的背面标注）。

随身Wi-Fi的好处毋庸置疑，可以同时支持多台设备上网，并且网速相对较快，大多软件都能正常运行。目前Wi-Fi租赁公司已超过上百家，可在网上预订，成功预订后通过邮寄或者机场柜台自取两种方式领取到出国Wi-Fi设备。

TIPS 建议大家在租赁Wi-Fi设备的时候选择质量口碑较好的，比如环球漫游随身Wi-Fi。随身Wi-Fi产品的使用时长基本在5小时左右，出门需带上一个充电宝，以免出现紧急状况。

环球漫游随身Wi-Fi具体信息可扫描以下官网二维码获取。

（网页版）www.uroaming.com.cn

使用网络电话

在有网络的情况下，除我们常用一些聊天软件的语音、视频功能外，网络电话也是通讯的一大保障。使用网络电话可以直接拨打国内的固话或手机，费用低廉甚至免费。

目前流行的网络电话有触宝电话、阿里通、Skype、UUCall等，种类很多，基本功能差不多。很多网络电话首次注册都会送免费通话时间，如触宝电话第一次注册就可以获得500分钟免费通话时长，假如双方用户均注册触宝电话，那么双方就可以进行免时长的清晰免费通话，非常适合出门在外旅行的朋友。

触宝电话官网（网页版）www.chubao.cn

阿里通官网（网页版）www.alicall.com

Skype官网（网页版）skype.gmw.cn

UUCall官网（网页版）www.uucall.com

TIPS 网络电话和我们通常打电话一样，调出电话点击即可拨出。拨号时它会提示你拨出的是普通电话还是免费电话，点击免费通话即可打出去，整个过程和你正常打电话没有任何区别。

寻找免费Wi-Fi

在加拿大随处可以找到一些免费Wi-Fi，尤其以多伦多、温哥华等大城市居多。在接入免费Wi-Fi后，有的会自动弹出一个网页，有的需刷新一下网页，然后便会出现一个Wi-Fi使用要求界面，阅读并接受相关条款便可上网了。以下列举一些有免费Wi-Fi的目的地。

★城市中的热门景点、街区，如多伦多的登达士广场（Dundas SQ）、圣劳伦斯市场（St. Lawrence Market）等地就可以使用公共免费Wi-Fi，连接Wi-Fi后刷新网页，同意并接受上网条款后就能上网。

★很多渡轮及观光船上以及不少火车站也开始提供免费Wi-Fi，时间不限。

★机场一般都可以使用免费Wi-Fi，连接Wi-Fi后，打开浏览器，按提示操作后便可使用。

★许多快餐店、咖啡店、公共图书馆都有免费Wi-Fi可使用，如麦当劳、Dairy Queen、Tim hortons等。连接Wi-Fi后刷新网页，同意接受上网条款后就能上网。

★加拿大的连锁酒店和部分旅社都提供有免费Wi-Fi，按照住宿地Wi-Fi说明连接即可。

TIPS 建议在公共免费Wi-Fi环境下尽量只访问一些知名的安全网站，最好不要使用公共Wi-Fi处理银行账务、网络购物等涉及过多个人隐私安全信息的事宜。另外，寻找免费Wi-Fi热点的软件详见前面APP部分（P27）。

提前去这些地方看看优惠券

不可错过的优惠券网站

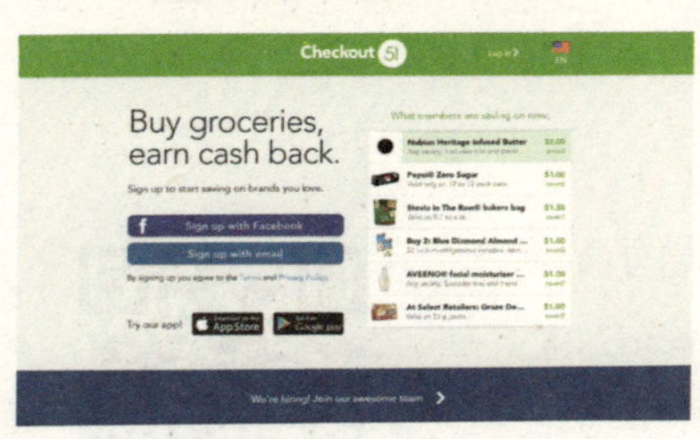

Checkout 51

Checkout 51是一款优惠券APP，被下载的次数已经达到了200万。每周四早上，Checkout 51都会准时向其用户推送优惠商品信息，顾客既可以在实体店购买这些商品，也可以在网上下单，然后拍下收据的照片，上传到APP里，就会获得一定的优惠券。但优惠券不能在当次使用，可以在APP里累积起来，一旦金额达到了20美元，将会收到一张支票，顾客就可以花掉这笔钱。

详情信息可参考Checkout 51官网二维码。

（网页版）www.checkout51.com

Coupon Follow

Coupon Follow是一个实时发布在线购物优惠券的网站，该网站收录了数千个零售网站的优惠券信息，并通过Twitter来实时推送，对于喜欢海淘的用户来说，在购买前可以先来这里查查有没有优惠券可以使用。Coupon Follow还发布了一个可在浏览器上使用的扩展插件，安装了这款插件后，当你在海淘的时候，该插件会自动提醒你有可用的优惠券。

详情信息可参考Coupon Follow官网二维码。

（网页版）couponfollow.com

Wag Jag

Wag Jag是加拿大一个在线交易社区，提供餐厅、酒店、水疗、娱乐等优惠折扣信息。

详情信息可参考Wag Jag官网，扫右侧二维码即可进入。

（网页版）www.wagjag.com

Coupons.com

Coupons.com总部位于美国，是美国乃至世界知名的电子优惠券网。Coupons.com为无数的消费者提供了多种优惠券，如提供全球连锁酒店Expedia的优惠券。

详情信息可扫右侧二维码进入Coupons.com官网了解。

（网页版）www.coupons.com

RetailMeNot

RetailMeNot是一家搜集了许多不同商店折价券、优惠券的网站，提供众多航空、酒店等旅游产品的相关折扣。比如，旅游者可通过该网站购买加拿大航空公司的折扣机票，或者获得Thrifty租车的9折优惠券等。

详情信息可参考RetailMeNot加拿大官网，扫右侧二维码即可进入官网。

（网页版）www.retailmenot.ca

TIPS 注意看准优惠券的使用期限、使用方法，在购买之前，仔细阅读其他用户的评价和留言。网站上推出的优惠券通常为激活链接（link-activated）或是通过点击某个相关文件而出现优惠码。另外，促销码（Promo Code）、优惠券（Coupon）及协议价（Corporate Rate）等各种术语，都为打折优惠之意。

搜罗优惠券的好去处

机场

在加拿大很多城市的机场都可以拿到地图及旅游手册，很多手册上都有优惠券，通常为英文版，也有部分中文版，在游览一些景点的时候用这些优惠券可以打折。

游客中心

在加拿大多伦多、渥太华、温哥华等地均设有多个游客中心，从机场免费取用的官方旅游指南地图上通常都有标注。在旅游中心可以拿到很多资料和优惠券。

加拿大主要游客中心介绍

所在地	名称	地址	电话/开放时间
多伦多	多伦多游客中心（INFOTOGO Toronto Desk）	20 Dundas Street West,Toronto	416-3145899
渥太华	首都旅游信息亭（Capital Information Kiosk）	90 Wellington Street,Ottawa	844-8788333；周一至周日9:00～18:00
温哥华	温哥华游客中心（Tourism Vancouver Visitor Centre）	200Burrard Street, Plaza Level, Vancouver	604-6832000；9:00～17:00，12月24日至26日和1月1日(12月31日9:00～15:00)关闭
	温哥华机场旅客信息中心	温哥华机场国内到达及国际到达大厅	604-2477540
维多利亚	维多利亚旅客信息中心（Tourism Victoria）	812 Wharf Street, Victoria	250-9532033；周一至周日9:00～17:00

了解复杂的交通是穷游的关键

机票预订有窍门

不可不知的航空公司信息

国际段

我国飞往加拿大的航空公司有很多，直飞的航班主要由中国国际航空公司（CA）、南方航空公司（CZ）、东方航空公司（MU），以及加拿大航空公司（AC）等运营。你可从各大航空公司了解相应的乘坐信息。相关信息可通过以下网站（可扫描二维码）获取。

国际段航空公司信息				
名称	关于行李	航线介绍	优惠及特色	网址/二维码
中国国航（Air China）	每件托运行李重量不超过32千克，长、宽、高三边之和不得超过203厘米；手提行李重量不能超过5千克	北京、上海直飞多伦多、温哥华	国航价格相对便宜，不过其较容易晚点，且舒适度较差	www.airchina.com.cn （APP）

续表

名称	关于行李	航线介绍	优惠及特色	网址/二维码
中国东方航空（China Eastern Airlines）	每件托运行李重量不超过32千克，长、宽、高三边之和不得超过203厘米；手提行李为1件，重量不能超过10千克，长、宽、高三边之和不得超过115厘米	上海直飞多伦多、温哥华	价格比较高，容易晚点，但也会推出一些优惠活动	www.ceair.com （微信号）
中国南方航空（China Southern Airlines）	每件托运行李重量限额为32千克，长、宽、高三边之和不得超过158厘米；手提行李是1件，重量不能超过5千克，长、宽、高三边之和不得超过115厘米	广州直飞温哥华、多伦多	经常推出往返特价活动，对于从广州出发的朋友来说，是不错的选择	www.csair.com （微信号）
加拿大航空公司（Air Canada）	每件托运行李重量限额为23千克，长、宽、高三边之和不得超过158厘米；手提行李为1件标准物品和1件个人物品，重量均不能超过10千克，标准物品三边最大尺寸23厘米x40厘米x55厘米，个人物品三边最大尺寸16厘米x33厘米x43厘米	北京、上海、香港直飞温哥华、多伦多	经常会有一定的优惠活动，正点率较好，但食物较难吃	Beta.aircanada.com （网页）

续表

名称	关于行李	航线介绍	优惠及特色	网址/二维码
国泰航空（Cathay Pacific）	托运行李最多2件，标准限额为30千克；手提行李是1件，重量不能超过7千克	香港直飞温哥华、多伦多	价格较好，性价比也高，可以随时改签	www.cathaypacific.com （APP）
四川航空（Sichuan Airlines）	单件重量不超过32千克，长、宽、高三边之和不得超过300厘米；手提行李是1件，重量不能超过5千克，长、宽、高三边之和不得超过115厘米，同时，单边最大尺寸不得大于长56厘米、宽45厘米、高25厘米	郑州直飞温哥华	新开通航线，价格较好	www.scal.com.cn （微信号）
厦门航空（Xiamen Airlines）	托运行李2件，每件不超过23千克，长、宽、高三边之和不得超过158厘米；手提行李是1件，重量不能超过5千克	厦门直飞温哥华	对于福建及周边地区的朋友来说，可节省5～8小时，且价格较好	www.xiamenair.com （网页）

续表

名称	关于行李	航线介绍	优惠及特色	网址/二维码
日本航空（Japan Airlines）	托运行李最多2件，每件托运行李重量限额为23千克，长、宽、高三边之和不得超过203厘米；手提行李是1件，与随身个人物品（购物袋、手袋）总重量不能超过10千克，长、宽、高三边之和不得超过115厘米	上海飞温哥华、多伦多，一程中转（东京）	会推出一些优惠活动，舒适度、服务较好	www.jal.com（网页）
大韩航空（Korean Airlines）	单件托运行李重量限额为32千克，长、宽、高三边之和不得超过158厘米；手提行李是1件，重量不能超过12千克，长、宽、高三边之和不得超过115厘米	上海飞温哥华、多伦多，一程中转（首尔）	会推出一定的优惠活动，服务、舒适度都较好	www.koreanair.com（网页）
备注：此处介绍的是经济舱的托运行李及手提行李信息，多为最高限额，而并非免费行李额，其他相关信息可参考官网。				

TIPS 各航空公司的随身行李规定会有所变动，出发前留意官网信息。

境内段

在加拿大出行，主要的廉价航空公司为西捷航空（WestJet），这是加拿大第二大航空公司，总部设在卡尔加里，主营客运、货运和包机等业务。相关信息可通过以下网站（可扫描二维码）获取。

境内段航空公司信息			
名称	关于行李	特色	网址/二维码
西捷航空（West Jet）	单件托运行李重量限额为23千克，长、宽、高三边之和不得超过157厘米；手提行李是1件，长、宽、高三边不得超过53厘米×23厘米×38厘米	主要提供至北美洲及墨西哥等51个目的地的航班，价格较低	www.westjet.com（网页）

TIPS 购买加拿大的国内航线机票可以享受折扣，如果提前21天购票，可以享受最大的优惠，其次是14天前和7天前，买当天票是最贵的。在周日看当地报纸的旅游专刊可以发现有减价机票出售，一些小航空公司的机票价格较低，但是飞机较为陈旧。

不容错过的航空比价网

航空公司往往在搞促销活动的同时会放出“折上折”机票，所以想要购取心仪的加拿大机票就需要你提前密切关注航空公司的动态，除了可在各大航空公司网站查看之外，还可直接通过廉价航空比价网站获取更实用的信息。

实用的廉价航空比价网推荐		
名称	特色	网址/二维码
天巡网	可以浏览1个月、甚至1年中的航班价格，所显示的飞机票价已包含税费及其他费用，为最终的付费价格	www.tianxun.com（APP下载）

续表

名称	特色	网址/二维码
Cheapflights	美洲及欧洲廉价航空机票比价	www.cheapflights.ca（网页）
Lastminute（最后一分钟）	紧急寻找廉价机票比价网	www.lastminute.com（网页）
Bravofly	有提前一、二周或者提前1～5天紧急出发的特价票	www.bravofly.com（网页）
Priceline	可组合两个不同航空公司的航班，还可通过竞价方式拍到最便宜的机票或酒店	www.priceline.com（APP下载）
Airfare	常提供折扣可达70%的机票，经常能买到很便宜的国际机票	www.airfare.com（网页）
Adioso	性价比较高的机票比价网站	adioso.com（网页）

购票小窍门

★一般来讲，订票时间越早，价格越便宜。但不是绝对的，需要你提前了解时间差，看到合适的价格及时下手。

★如果你能确定回程的日期，不妨订往返票。往返票能够在已享受的折扣之外，再享折扣。

★最低廉的机票均不能退票，修改机票往往会收手续费；廉价航空经济舱没有飞机餐。

★办一张银行和航空公司的联名信用卡，可拿积分换里程。

便捷快速的火车

铁路线路分布

乘火车在加拿大旅行也是一种便捷的游览方式，可欣赏沿途优美的风景。加拿大铁路主要由加拿大国铁公司和加拿大太平洋铁路公司运营。

加拿大国铁公司

加拿大国铁公司（VIA Rail Canada）为乘客提供高效、环保的客运服务。国铁公司运营的线路总长12500公里，涵盖城际、区域和洲际线路500多条。

www.viarail.ca/en

加拿大太平洋铁路公司

加拿大太平洋铁路公司（Canadian Pacific Railway）拥有加拿大的一级铁路，其网络西部至温哥华东部至蒙特利尔，并设有跨境路线，可通往美国的明尼阿波利斯、芝加哥、纽约等大型城市。

www.cpr.ca/en

火车观光线路速读

加拿大铁路拥有多条风景优美的观光火车线路，如惠斯勒登山者号景观火车（Whistler Mountaineer）及落基山登山者号景观火车（Rocky Mountaineer），主要于4月中旬至10月中旬行驶。不但乘坐舒适，还能欣赏沿途壮美的景色。

加拿大著名火车观光路线介绍			
列车名称	路线	时长	特色
惠斯勒登山者号景观火车（Whistler Mountaineer）	穿越惠斯勒与温哥华之间著名的海天风景区、西温哥华和斯坦利公园	全程约3小时	清晨还在繁华的温哥华市区海滩漫步，下午就可在惠斯特徒步观光，体验刺激的滑行飞索和独一无二的雪上运动
落基山登山者号景观火车（Rocky Mountaineer）	沿着弗雷泽河北上，途径乔治王子城、彭伯顿山谷、弗雷泽峡谷以及卡里布平原	全程约2天	领略落基山的文化、崎岖不平的地形，这是一次让你真正感受加拿大西部荣耀的旅程
加拿大人号（The Canadian）	多伦多与温哥华之间，沿途经过坎卢普斯、澄清河、维蒙以及贾斯珀	全程约3天	有特级卧铺车厢，设施豪华，可以的列车上的360° 全景台欣赏沿途美丽的风景，是全世界最棒的火车旅行之一
贾斯珀—鲁伯特太子港线（Jasper-Prince Rupert）	落基山的贾斯珀国家公园（Jasper National Park）到太平洋海岸的鲁伯特太子港（Prince Rupert）	全程约2天	欣赏沿途美不胜收的瀑布和图腾柱，还能观赏到加拿大落基山脉最高峰——罗布森山（Mount Robson）的雄伟壮观
温尼伯—丘吉尔线（Winnipeg-Churchill）	从温尼伯到马尼托巴省（Manitoba）的丘吉尔，沿途经过冻土地带和哈德逊湾	全程约2天	欣赏窗外美丽的景色，还有可能观看到北极熊以及绚丽的北极光景致

续表

列车名称	路线	时长	特色
安大略、魁北克走廊专线（Ontario）	多伦多、蒙特利尔、魁北克等多个地点	—	可以一睹加拿大文化的多样性，领略加拿大最受欢迎的地区的风光，并且设施齐全、服务项目多样
海洋专列（The Ocean）	从蒙特利尔经过沿海诸省到哈利法克斯	全程约1天	以崎岖的海岸铁路著称，可以欣赏到大自然的天府之城、被森林覆盖的丘陵、Chaleur湾和新布伦瑞克海岸的金色沙滩

加拿大火车观光路线示意图

TIPS 在购买上述几趟列车时，记得要选好车型，有部分车型较古老，相对来说条件设施较差，建议避开这类车型，选择现代化车型，提高旅行舒适度。

优惠票价

加拿大国铁VIA车票的票价随季节变化而不同，一般有3种票价，即高峰季票（夏季），非高峰季票（春、秋两季及圣诞节至元旦期间）和超平价季票（冬季除圣诞节至元旦假期以外）。一些地区，如蒙特利尔以东只分高峰季票（夏季及圣诞至元旦期间）和超平价季票。

非高峰季票的价格比高峰季票便宜25%，超平价季票比高峰季票便宜40%，60岁以上的老年人和12～14岁的青少年可享受10%的额外优惠；两岁以下婴幼儿免费，2～11岁儿童经济座半价优惠，持有效学生证件的学生不分季节，均可享受至少40%优惠。

车票可以提前半年预订，也可以把完全未经使用或用过部分的车票退掉，部分退票需交手续费。

省钱省时的长途巴士

加拿大城际巴士路线横跨全国，班次频繁且服务水平较高，内部通常设有空调、视听设备和洗手间，既舒适又方便。游客可以选择这种经济舒适的旅游方式。

不可不知的巴士公司

灰狗巴士

灰狗巴士是加拿大最大的城际巴士运营商，在全加1000多个地点均设有巴士站点。灰狗巴士的覆盖面积广，发车频率高，非常方便。灰狗巴士的标志为一只快速奔跑的灰狗，很醒目。加拿大高速公路的长途公交车站，设施非常齐全，设有统一标准的加油站、休息室、快餐店和厕所，几乎每个车站都一样，没有城市与乡村的区别。

www.greyhound.ca

Megabus巴士

Megabus巴士提供免费的Wi-Fi和全景窗户，经常有特价票出售。

ca.megabus.com

Megabus与灰狗巴士相比		
优点	缺点	注意事项
时间上更快捷，价格相对较低	灰狗巴士停靠的站比较多，Megabus巴士一般停靠的站少，覆盖范围不是很广	选择乘坐夜车，可以节省住宿费，不过也要注意适当休息，以免吃不消

不可不知的灰狗巴士信息

提前订票优惠多

一般来说，灰狗巴士的票价比火车和飞机都便宜得多。灰狗巴士的车票可以网上购买、电话购买、到车站购买或到灰狗巴士售票办公室购买，当然也可以提前预订。一般提前1周、2周、3周的票价都不同，通常提前时间越长，享受到的折扣就会越大，有时也能赶上特定时间的优惠，购买往返票的话也会便宜很多。车票上没有固定的出发、返回日期和车次，一般是10～30天内可以随意乘坐任意班车，车票上没有座位，也没有事先订位的说法。

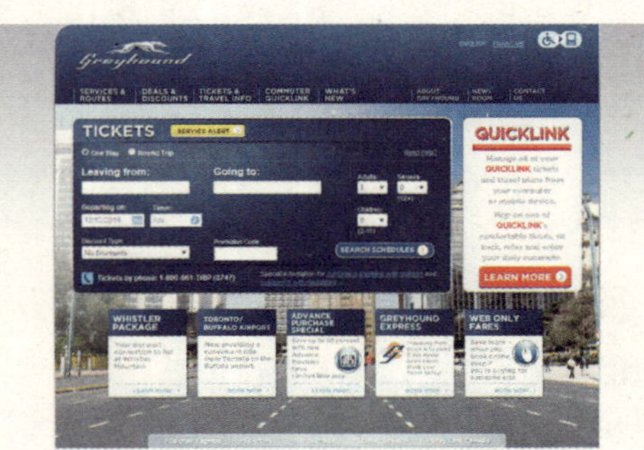

查询站点

加拿大有很多灰狗巴士的站点（Station & Bus Stop），你可以在灰狗巴士的网站（www.greyhound.ca）上查找附近的站点，或查找加拿大任何一个地方附近的站点。在查询站点的时候，先按区域分，然后再按城市分，不是每个城镇都有站点，但可以查找离你想去的目的地最近的站点。你也可以在路边的信息亭找到购买灰狗巴士车票的信息。

网上购票

在网上买票之前，先要确定好自己的出发站点和到达站点。打开灰狗巴士的购票网站，输入起始和到达站点后，再查询灰狗巴士时刻和票价，灰狗巴士时刻表上会出现行车时间（Duration）和转车次数（Transfers）。当你看准站点、票价后，付款即可。如果你不想购买，也可取消预订并退出页面。

在网上买了车票之后，可以选择邮寄（Sent by Mail）、打印（Print at Home）、到车站售票处取票（Will Call Service）等不同的服务方式取票。建议游客选择网上购票和到车站取票的方式。除了在网上购票，你也可以在自助售票机上购买灰狗巴士的车票。灰狗巴士票接受现金和旅行支票以及万事达、美国运通等信用卡支付。

巴士周游券

加拿大巴士周游券（Canada Pass）是可在有效期间内任意搭乘加拿大灰狗巴士及与其合作的巴士的周游券，此票券只在加拿大以外国家出售，加拿大本地概不出售，可在出国前向国内旅行社咨询。在加拿大首次搭乘巴士时，先到巴士总站的售票处将在国内购买的兑换券换取周游券，在第一页写上姓名、住址、年龄等资料，并盖上有限期限的日期。从启用的第一天开始，每搭一次车，就会被撕掉1张联票。在有效期间内可任意搭乘，联票用完的话可再申请新联票。申请追加联票时请到售票处申请。

加拿大巴士周游券有效期分别为7天、15天、30天、60天4种票面，周游券分为15张联票。

加拿大巴士周游券	
时间	价格
7天	249加元
15天	379加元
30天	449加元
60天	599加元

以上费用需另外加收7%加拿大货物税

TIPS 使用范围：蒙特利尔以西、安大略省和魁北克省的殖民旅行家巴士和灰狗巴士等。另外，完全未用的加拿大灰狗巴士旅游券，可于原购买处退费，每券扣除一定手续费。

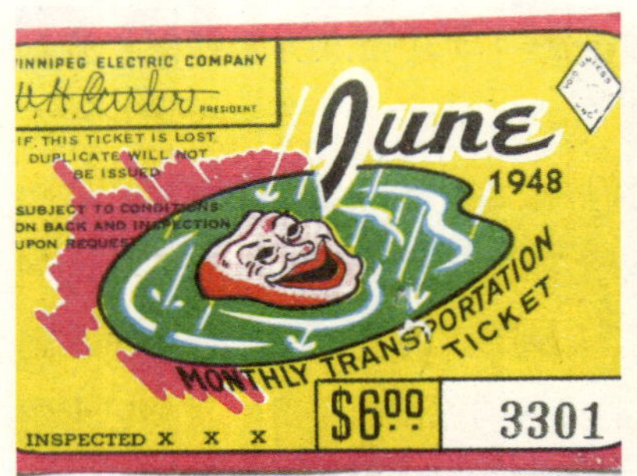

优惠高效的公共交通

加拿大多数城市都有地铁或轻轨等轨道交通，包括温哥华（Sky Train）、卡尔加里（C-Train）、埃德蒙顿（LRT）、多伦多（Subway）、渥太华（O-Train）和蒙特利尔（Metro）。另外，巴士是主要的公共交通工具，但也包括有轨电车、“海上巴士”新型渡轮等。

地铁

加拿大的地铁并非都在地下，称呼也不尽相同。加拿大的地铁外观各式各样，所以在不同的城市，熟知地铁的标志十分重要。总体来讲，多伦多的地铁与公交车的运输合作最为密切，其他城市地铁和公交车相对独立。另外，加拿大的地铁不叫Underground，如果你用这个词问路，基本没有人会知道，加拿大人都称地铁为Subway或者Metro等。

多伦多地铁（Subway）

多伦多地铁及轻铁是加拿大的第一条地铁线，大部分的路段是在地下运行。地铁跨度很长，现有4条路线（其中一条为轻铁），分别是U形线（黄线）、东西线（绿线）、Sheppard线（紫线）和Scarborough RT（蓝线），U形线和东西线地铁使用率很高。地铁的日通票成人12加元、周通票成人42.25加元、月通票成人141.5加元。更多详情请扫描右侧多伦多地铁官网二维码了解。

（官网）www.ttc.ca/Subway/index.jsp

渥太华轻轨（O-Train）

渥太华轻轨目前设有一条路线，北起湾景站（Bayview），南至格林伯勒站（Greenboro），全长约8公里，由渥太华卡尔顿交通局（OC Transpo）营运。更多详情可扫描以下渥太华卡尔顿交通局官网二维码了解。

（交通局官网）www.octranspo.com

温哥华地铁（Sky Train）

温哥华的地铁又叫作天车（Sky Train），有些站点在地上，有些站则在地下。天车分3条线，去往3个不同的方向，分别是从机场到市中心的淡蓝色线路Canada Line；很大一部分跟深蓝色重叠，其余部分经过Coquitlam东边和Burnaby北边黄色的线路Millennium Line；贯穿东西，从Surrey到市中心的深蓝色线路Expo Line。天车采取分区计价，单程价格1 Zone 2.75为加元，2 Zone为4.3加元，3 Zone为5.5加元。更多详情可扫描以下温哥华公共交通官网二维码了解。

（官网）www.translink.ca

TIPS 温哥华地铁站一般会有一个蓝色“T”的标志，并且在入口处写着地铁站的名字，较容易看到。

卡尔加里轻轨（C-Train）

C-Train是卡尔加里的轻轨客运（LRT）系统，乘坐舒适。市区内在公路上行驶，而郊外则行驶在铁路线上。更多详情可扫描以下卡尔加里公交官网二维码了解。

（官网）www.calgarytransit.com

蒙特利尔地铁（Metro）

蒙特利尔地铁由蒙特利尔交通局（STM）管理。整个系统包括4条线路，分别为绿色（1号线）、橘色（2号线）、黄色（4号线）、蓝色（5号线），每一个地铁站都设有地铁全线的地图以及本站周边设施和建筑图。地铁线路的运营开始时间为早上5:30，结束时间为凌晨00:15～00:30，依照线路的不同略有不同。地铁单程票价3.25加元、1日票10加元、3日票18加元、7日票25.75加元。更多详情可扫描以下蒙特利尔地铁官网二维码了解。

（官网）www.stm.info/en/info/networks/metro

埃德蒙顿轻轨（LRT）

埃德蒙顿轻轨（Edmonton Light Rail Transit，简称LRT）是加拿大阿尔伯塔省埃德蒙顿的轻轨系统，现由一条南北向路线构成，北起埃德蒙顿的东北近郊地区，南至埃德蒙顿南部的世纪公园。埃德蒙顿轻轨采用ETS的公共交通收费架构，持有效轻轨或巴士车票的乘客可于90分钟内免费在这两种交通工具之间转乘。ETS限时收费3.25加元，5岁及以下儿童在付费成人陪同下可免费乘搭轻轨及巴士。更多详情可扫描以下埃德蒙顿轻轨官网二维码了解。

（官网）www.edmonton.ca/edmonton-transit-system-ets.aspx

TIPS 由于票价变动性较大，可在出发前扫描官网二维码查询具体价格。

公交车

加拿大各个城市的公共交通都非常方便，一般公交车上的人不是太多，即使是在高峰期，也不会很拥挤。加拿大的公交车一般都是前门上车，后门下车。车上大多数没有专门的售票员，只在司机旁边设有售票箱，你可以在这里投票或者投入买票的零钱，司机会关注你买票金额是否足够。公交车票票价通常是3加元。如果你需要转乘，一定要向司机索要转乘票Transfer，这个票在一个半小时以内是有效的，如果要返程则不能使用。在乘坐公交车之前，应该多预备零钱，尤其是硬币，所有的公交车都不设找零，有的还不收纸币。部分城市还提供便捷的交通卡，方便乘客全天、多日或每月无限制地乘坐。

多伦多公交车

多伦多公交车包括常规路线、特快线、市区特快和蓝色之夜路线等多条线路，覆盖多伦多绝大部分区域，市内的公交车、地铁、轻轨等都是由多伦多公共交通运输管理局运营管理，实施一票制，单程成人3加元。运营时间周一至周六6:00至次日1:00，周日9:00至次日1:00。更多详情请可描右侧多伦多巴士官网二维码了解。

（官网）www.ttc.ca/Routes/Buses.jsp

多伦多观光巴士

在多伦多市区热门景点处，总能看到红色的双层观光巴士，它是由City Sightseeing Toronto 公司运营的。夏季的观光巴士是双层，二层没有窗。秋、冬季天气冷的时候，观光巴士则为单层带有大窗的巴士。多伦多所有主要的景点都可以前往，十分便捷。成人票价38.05加元，3天内有效。建议网上购买简单方便，而且有优惠，下单之后立刻会收到可以打印的收据含税约41加元。

渥太华公交车

渥太华的公交车以颜色区分，分为黑色、红色、绿色和蓝色4种即4条线路，其中黑色路线全天运行。乘坐常规公交线路票价3.65加元在当地商店有售，每次可购买6张（有些商店会分开销售）。在上车前要确认是否已获取了车票，使用该票可以在1个半小时内无限次乘坐公交车和地铁。更多详情可扫描右侧渥太华交通局官网二维码了解。

（交通局官网）www.octranspo.com

温哥华公交车

温哥华的公共汽车是Translink公司运营的，车身为海蓝色，所以温哥华人都称它为蓝色巴士（Blue Bus），非常好认。每次乘坐需要准备好零钱，上车后直接投币，不设找零。公共运输按地域的远近分为3个区间，各个区间的票价均不同，最基本的票价是1 Zone 成人2.75加元。更多详情可扫描右侧温哥华巴士官网二维码了解。

（官网）www.translink.ca/en/Schedules-and-Maps/Bus/Bus-Schedules.aspx

TIPS 加拿大的公交车站牌上有的没有站名，只有时间表，大点的换乘站一般会有站牌。通常加拿大的公交车都很准时，到站会有比较固定的时间。但公交车不是每站都停，车上也很少有报站，只在比较大的公交车站才会报站。所以乘车时应该数着站点，或者询问公交车司机，请他提前通知你。

海上巴士

温哥华

温哥华的海上巴士（Sea Bus）从市中心的海滨站（Waterfront Station）行至北温哥华的Lonsdale码头。在12分钟的航程里，你不仅可以欣赏巴拉德湾的美丽景色，还能享受海上巴士提供的免费无线网络，非常方便。海上巴士白天15分钟一班、晚上30分钟一班，周一至周六6:16至次日1:22，周日8:16～23:16。更多详情可扫描右侧温哥华海上巴士官网二维码了解。

（官网）www.translink.ca/en/Schedules-and-Maps/SeaBus-Schedules.aspx

仿古有轨电车

温哥华

这条仿古有轨电车线路囊括了温哥华最值得游览的各大景点，游客可享受随时上下车的便捷旅游方式。为了方便游客，它的停靠站都设在景点周围，省去了步行前往景点的时间。除此之外，这条线路还会根据不同季节设计不同的有趣线路，如10月万圣节的“捉鬼之旅”、圣诞节的“观灯之旅”等，在夏日，它还提供夜观温哥华活动。在官网上可以买到组合线路的套票，另外在网站上购票有时会有特殊优惠。更多详情可扫描右侧温哥华仿古有轨电车官网二维码了解。

（官网）www.vancouvertrolley.com

温哥华海上巴士

既要住好 又要省钱

性价比高的住宿地

住宿是整个加拿大旅行费用的重要部分，但也是最能省出钱的地方。选择住宿地首先要考虑住宿品质和酒店交通两方面，高性价比的住宿地会让你的旅行更加愉快舒心。

汽车旅馆

汽车旅馆算得上是最受加拿大当地人以及游客欢迎的旅馆类型之一，其原因主要是既方便停车，又能便宜投宿。在加拿大很多主要干道旁边，都会有汽车旅馆分布。这种汽车旅馆大多由当地中老年夫妇经营，提供的住宿各种设施齐全，虽然赶不上豪华的酒店，却也有着家庭般的温暖。客房的价格主要取决于旅馆位置，通常为60～115加元/晚。

TIPS 可以选择浏览机票+住宿预订网站，在预订机票时一并预订住宿地，这样能获得更大优惠。

机票+住宿预订网站推荐			
网址/二维码	介绍	网址/二维码	介绍
www.lastminute.com	机票+酒店在线预订的24小时内，会退还差价	www.flightnetwork.com	预订了旅游产品后，如果价格下跌，会给你补回差价，但这个差价只能存成Credit，下次预订的时候可以使用
www.expedia.ca	住宿种类丰富，可找到很多低价机票和酒店的组合优惠价格	www.itravel2000.com-	可以为你找到全网最低价的酒店与机票，如果不是最低，他们会给你免费预订

B&B

B&B（Bed and Breakfast）也叫早餐民宿，是一种十分受欢迎的住宿地类型，提供丰富的自助式早餐，还有一些带有厨房设施。加拿大有不少这种旅馆，内部设施相对简单，有单人间、双人间、多人间等各种客房类型，一般以多人间居多。价格比较便宜，住宿费用约30加元/晚。要注意，有一些B&B外面没有任何招牌，最好事先在当地的信息咨询处了解，或直接向当地人打听。更多详情可以扫右侧B&B官网二维码了解。

（官网）www.bedandbreakfast.com

青年旅舍

青年旅舍（Youth Hostel）通常是比较经济实惠的住宿地，一个晚上花销20加元左右。大多数的青年旅舍都是多人间，有上百个床位；有些规模比较大的青年旅舍还会提供单人间或双人间，但价格比较高。青年旅舍的厨房、卫生间、洗衣间等设施都是公用的，需要自己打扫卫生、收拾好自己的物品，外出最好随身携带贵重物品，以免丢失。另外，如果你有青年旅舍会员卡，还会享受到一定的优惠。

Hostelbookers是一家全球领先的青年旅舍和廉价酒店预订网站，且没有预订费。详情可扫右侧二维码了解。

（官网）www.hostelbookers.com/hostels/canada

家庭旅馆

加拿大的家庭旅馆非常多，很多上了年纪的夫妇会将孩子的房间空出来或者不住的房间收拾出来，配备上床位、电视、桌椅等，以较为低廉的价格向外出租。家庭旅馆通常没有招牌，可以到了加拿大后，在旅行咨询中心获取信息，或者上一些贴吧向有经验的驴友寻求一些可靠的家庭旅馆信息。家庭旅馆通常都会有户外的小花园，环境幽雅温馨，十分贴近加拿大人的生活，可以让你感受到浓郁的家庭氛围。

TIPS 虽然加拿大的住宿地很多，但在旅游旺季住宿一般略有紧张，建议游客提前预订。加拿大旅馆的预订时间只到18:00，有些地方甚至到16:00。若是无法在预订时间到达订好的住宿地点，千万要记得事先说明情况，取消预订。

省钱的露营地

了解露营地

很多人都会认为住宿必备的条件是一个房间和一张床，但对于穷游一族来说，选择露营（Camping）也是较为经济的一种方式。露营地就是一块地，没有床，可以停车，想要住宿的话，可以搭帐篷，也可以睡在车里。如果条件允许，在加拿大一定要享受一番露营的乐趣，露营不仅能欣赏到美丽的风景，还能感受野外静谧的夜晚，值得体验，有些露营还会举办活动、参与其中，也乐趣无穷。

露营地分类	
类型	介绍
低成本、免费营地	有的免费，有的收取少量费用，有的需要在官网上用信用卡预订。这些营地的条件差异较大，有的设有厕所、烧烤区等设施，而有的仅仅是一块地，通常只设有简单厕所
商业营地	设施很完备，基本上设有厨房、休息室、厕所、淋浴，以及电视、游泳池等设施
其他类型	在高速公路上经常会遇到并非真正意义上的营地，可以停车，可以上厕所，可以简单休息一下；还可选择在一些咖啡厅之类的商业设施附近休息

TIPS 加拿大的国家公园基本上都会提供露营地，备有电灯、水管、下水道，可以与房车直接相连接。乡村露营地大多位于荒山僻野中徒步线路的附近，只能步行到达。

高性价比的露营地

高性价比的露营地推荐		
名称	介绍	网址/二维码
两河湖营地 Lake of Two Rivers	位于加拿大第一个省立公园——阿尔冈金省立公园中，有着诱人的沙滩、白松森林，是理想的潜鸟、熊、狼、河狸观察地	www.algonquinpark.on.ca/visit/general_park_info/fees-developed-campground.php
Protection	位于阿尔伯塔省班夫国家公园（Banff National Park），有2500多个露营位置，极易到达多条徒步路线，还有种类繁多的野生动物，可以观察熊、鹿、以及珍稀的丑鸭等	www.banfflakelouise.com/accommodation
绿点营地 Green Point	位于不列颠哥伦比亚省太平洋沿岸保护区（Pacific Rim National Park），是西海岸著名的露营地。还有10公里穿越雨林的徒步路线，可以观赏到上千只白鲸和众多候鸟等	www.pc.gc.ca/eng/pn-np/bc/pacificrim/index.aspx
五浔国家海洋公园 Fathom Five	位于安大略省乔治亚湾（Georgian Bay），可以欣赏众多岛屿壮美的海景	www.pc.gc.ca/eng/amnc-nmca/on/fathomfive/index.aspx
Cap-Bon-Ami 营地	位于魁北克省福里隆国家公园（Forillon National Park），是峭壁上的露营地，一直延伸至圣劳伦斯湾中，拥有悬崖边上让人难以忘怀的徒步路线	www.pc.gc.ca/fra/pn-np/qc/forillon/index.aspx

TIPS 想要搜索商业营地，最方便的方法是在谷歌上搜Caravan Park。这通常是房车营地，一般有房车停靠点和供不开房车的客人入住的小屋。值得一提的是，不是所有的房车营地都允许搭帐篷，要提前确认好，即使可以搭帐篷，也会收取一定的费用。

住宿优惠信息

了解常用的住宿预订网站

常用的住宿预订网推荐		
名称	特色	网址/二维码
Booking	知名的全球住宿预订网站，有中文页面，只需要信用卡担保就可以订房，不需要提前支付任何费用，可避免行程临时有变而造成经济上的损失	www.booking.com （网页）
Airbnb	是一家可以联系旅游人士和家有空房出租的房主的服务型网站，它可以为用户提供多样的住宿信息，包括民宿、公寓，价格通常较便宜。还提供住在树屋、灯塔、游艇、城堡、房车的特色体验	zh.airbnb.com （网页）

续表

名称	特色	网址/二维码
Agoda	提供全球折扣超低的酒店，预订酒店需要提前付款，可以使用双币信用卡或者支付宝支付	www.agoda.com（网页）
Hostel Traveler	可预订青年旅舍和廉价旅馆	www.hosteltraveler.com（网页）
Priceline（竞拍网站）	可通过竞价方式拍到最便宜的宾馆，要注意，从该网站上预订了住宿地后不能取消订房	www.priceline.com（APP）
eDreams	在加拿大的分店，可提供数十万家酒店信息	ca.edreams.com（网页）
携程网	国内外有60余万家会员酒店可供预订，为用户提供多样的住宿信息	www.ctrip.com（网页）

续表

名称	特色	网址/二维码
全球订房网	全球订房网，可以用很优惠的价格预订加拿大酒店	www.hrs.cn/hotel/canada （网页）

TIPS 加拿大各地酒店内一般不提供牙膏、牙刷、梳子、拖鞋、剃须刀等个人物品，需要自行准备。另外，入住加拿大酒店后应立即取一张标有酒店名称、地址、电话的名片，以备不时之需。

这样选择住宿地省时省力

★选择住宿地时，除了考虑价格之外，住宿地的交通位置也要着重考虑。位置便利的住宿地，可为你节省一笔昂贵的交通费，同时还可以节约时间，尤其是在多伦多、温哥华这种交通费用较高的大城市。

★最好提前预订好住宿地。提前预订好住宿地可方便自己到达加拿大之后直接入住，这样能享受一定优惠的同时还能找到心仪的房间。

★如果汇率合适，建议提前付款，这样可避免到了酒店现用信用卡结账时需要支付额外的手续费。

★在加拿大住宿，入住之前可与店家进行沟通，与其讲清楚住房的类型、是否含有早餐、是否收取消费税，以及其他提供服务是否收费等。

这样游览更便捷

按照实际需求购买套票

有关景点的优惠套票

多伦多著名景点套票

City PASS包括加拿大国家电视塔、卡萨罗马古堡、皇家安大略博物馆、加拿大里普利水族馆、多伦多动物园或安大略科学中心，成人72加元，4～12岁儿童46加元，较正常售票价约节省43%。City PASS自第一次使用日算起，有效期为9天，有足够的时间按自己的节奏来探索多伦多。

（官网）zh.citypass.com/toronto

详情信息可扫描官网二维码进行了解。

2 不能忽视的免费景点

在加拿大，许多市区公园、街区、湖泊均是免费的。除此之外，还有一些热门景点也可以免费游览。

免费景点推荐	
所在城市	名称
多伦多	高地公园（见P124）、安大略湖（见P123）、多伦多大学（见P124）、多伦多新市政厅（见P121）、多伦多旧市政厅（见P122）
渥太华	加拿大国会大厦（见P147）、总督府邸（见P148）、丽都运河（见P148）、加蒂诺公园（见P151）
魁北克市	魁北克古城区（见P164）、小香普兰街（见P164）、皇家广场（见P165）、特雷索尔艺术街（见P165）、魁北克议会大厦（见P166）、蒙特伦西瀑布（见P166）
蒙特利尔	旧城区（见P179）、圣若瑟圣堂（见P181）、皇家山公园（见P181）、兵器广场（见P182）
温哥华	斯坦利公园（见P256）、煤气镇（见P257）、伊丽莎白女王公园（见P256）、格兰维尔岛公共市场（见P271）
维多利亚	省议会大厦（见P274）、灯塔山公园（见P275）、雷鸟公园（见P274）
温尼伯	交易区（见P220）、福克斯市场（见P218）
里贾纳	瓦斯卡纳中心（见P230）
埃德蒙顿	怀特大道（见P204）、阿尔伯塔大学（见P204）、阿尔伯塔省议会大楼（见P205）

续表

所在城市	名称
卡尔加里	加拿大奥林匹克公园（见P240）、鱼溪省立公园（见P243）、民俗公园历史村（见P242）
夏洛特敦	省议会厅国家历史遗址（见P311）、加拿大联邦大桥（见P311）
哈利法克斯	卢嫩堡古城（见P303）、马洪湾（见P304）、佩姬湾（见P304）、哈利法克斯公共花园（见P302）
怀特霍斯	翡翠湖（见P286）、育空河（见P285）、地标森林（见P286）
耶洛奈夫	大奴湖（见P293）、极光村（见P294）

全加拿大游览亮点速览

远离喧嚣的唯美小镇

大城市固然好，车水马龙、熙熙攘攘，但是小镇也别有风味。来到加拿大，不妨去体验一下地地道道的小镇生活。不要指望这里有电视塔、银行大楼或是市政厅等高大建筑，来到小镇，迎接你的将是鸟语花香、银河星辰和热情友好的人们。

不可错过的小镇推荐			
名称	相关介绍	穷游亮点	交通
班夫镇（Banff）	班夫镇（Banff）位于阿尔伯塔省西南落基山脉中，是加拿大班夫国家公园中最大的城镇，距离卡尔加里市以西约135公里处。镇上有弓河瀑布（Bow Falls）、奇石观景台（Hoodoos）、微米里翁湖群（Vermillion Lakes）、卡斯喀池塘（Cascades Ponds）等众多景观，被誉为“落基山脉的灵魂”	拥有众多美丽的湖泊、草地和瀑布	可以从最近的卡尔加里国际机场（Calgary International Airport）出发前往，机场每天有多趟巴士发往班夫，路程约2小时

续表

名称	相关介绍	穷游亮点	交通
尼亚加拉湖滨小镇（Niagara-on-the-lake）	尼亚加拉湖滨小镇（Niagara-on-the-lake）是加拿大安大略省南部尼亚加拉区的一个小镇，位于尼亚加拉河与安大略湖汇合处。小镇很有欧式风情，优雅古典，街道两边的建筑各具特色	骑自行车闲逛小镇，感受19世纪小镇的风情。品尝号称加拿大最好吃的冰激凌Cows	可从多伦多租车或自驾前往
圣斯蒂芬小镇（St. Stephen）	圣斯蒂芬小镇（St. Stephen）是加拿大新不伦瑞克省夏洛特县的巧克力小镇，小镇的加农（Ganong）糖果厂，是一个了解加拿大传统巧克力制作的最佳博物馆	可品尝到最正宗的加拿大巧克力	距离圣约翰市约1小时车程，可以从圣约翰租车前往
阿尔蒙特（Almonte）	阿尔蒙特（Almonte）是加拿大安大略省拉纳克县的一个小镇，大概居住了5000多人，这里有吃不完的美食和热闹的节日活动，来到这里绝对不会无趣	品尝Robin's Nest Tea Room的奶油馅饼，参与当地的民俗节日	距离渥太华约40分钟车程，可以从渥太华租车前往
温克勒（Winkler）	温克勒（Winkler）是马尼托巴省彭比纳谷（Pembina Valley）最大的城市，但也只有1万人左右。这里的音乐和艺术气息都值得你来此游览，8月的音乐节Harvest Festival还会有免费音乐会	感受小城独特的艺术氛围	距离温尼伯约1.5小时车程，可以从温尼伯租车前往
雅茅斯（Yarmouth）	雅茅斯（Yarmouth）又译“亚茅斯”，是加拿大新斯科舍省西南部的海港。小镇上最有名的雅茅斯灯塔（Yarmouth Lighthouse）位于Cape Forchu角末端，在灯塔上可远眺壮观的美景	欣赏小镇独具特色的彩色屋顶	可以乘轮渡到雅茅斯港（Yarmouth Harbour）

续表

名称	相关介绍	穷游亮点	交通
纳尔逊（Nelson）	纳尔逊（Nelson）位于加拿大不列颠哥伦比亚省东南部，塞尔扣克山脉（Selkirk Mountains）的腹地，坐落在库特尼湖西湾（West Arm of Kootenay Lake），城市虽小却独具特色。小镇上的贝克街（Baker Street）堪称维多利亚时代文化遗产建筑一条街，拥有众多艺术画廊和工艺品店，一年中的大部时间这里都有街头艺人表演	省立科迪洞穴公园（Cody Caves Provincial Park）、库特内湖（Kootenay Lake）	可以从不列颠哥伦比亚省卡斯尔加西库特尼地区机场乘车前往，约30分钟
安纳波利斯罗亚尔（Annapolis Royal）	安纳波利斯罗亚尔（Annapolis Royal）位于新斯科舍省，拥有加拿大设计规划得最好的公园之一	皇家安纳波利斯历史花园（Annapolis Royal Historic Gardens）	可以从新斯科舍省哈利法克斯租车前往

令人惊叹的自然风光

加拿大素有“枫叶之国”的美誉，有着绚丽无比的自然景观，无论是著名的枫叶走廊还是尼亚加拉瀑布等，都是你在加拿大旅游不可错过的地方。

著名自然风光推荐			
名称	相关介绍	穷游亮点	交通
尼亚加拉瀑布	尼亚加拉瀑布（Niagara Falls）位于加拿大安大略省和美国纽约州的交界处，是世界第一大跨国瀑布。加拿大境内拥有著名的马蹄瀑布（Horseshoe Falls）	感受大瀑布的气势磅礴	可乘火车、灰狗巴士或自驾前往

续表

名称	相关介绍	穷游亮点	交通
枫叶走廊	枫叶走廊位于加拿大东部，起于尼亚加拉大瀑布，止于纽芬兰大西洋岸边，绵延近5000公里，沿途穿越峡谷、河流、山峦和湖泊，一路湖光山色与枫林交相辉映，风景如画	欣赏五彩斑斓的绚丽景观	可沿40号、417号和407号公路驾车行驶
冰原大道	冰原大道（Icefields Parkway）是北美最美丽的公路之一，从班夫国家公园至贾思斯珀国家公园，绵延229公里，沿途可看到瀑布、翡翠湖、草原和白雪皑皑的山峰等不同景致变化	欣赏路上如画的美景	可乘坐旅游巴士或自驾沿冰原大道行驶
磁力山	磁力山位于加拿大新不伦瑞克省蒙克顿，因身处这里会被周围连绵起伏的地形制造出的奇特幻觉而出名	探寻世界奇迹的奥妙	可租车从蒙克顿市前往
北极光	耶洛奈夫是幅员广阔的西北地区的首府，位于北极地区的边缘，这里是观赏极光的绝佳地域	观看绚丽缥缈的极光	可以从温哥华、卡尔加里直飞过去
逆流瀑布	逆流瀑布位于加拿大的新不伦瑞克省圣约翰，是由大自然的神奇力量创造的奇观	观赏难得一见的河水逆流现象	可自驾或参加当地旅行团前往逆流瀑布桥西边
野羊山谷	野羊山谷位于加拿大育空地区怀特霍斯的西部，是一个未被开发的山谷，其生态美和原始美是许多游客前往的原因	驾着雪橇犬在山谷快意穿行	可从怀特霍斯租车前往
好望角岩石	好望角岩石坐落于新不伦瑞克省的芬迪湾，因怪异的石头和世界上最大的潮汐而知名，形态各异、壮观无比的岩石让人不禁感叹大自然的神奇力量	“情人拱”等形态各异的巨石	可从蒙克顿自驾前往

不可错过的国家公园

加拿大拥有大面积的湖光山色，40多个国家公园分布在各个地区，或是壮观险峻的悬崖、曲折蜿蜒的海岸线、奔跑的飞禽野兽；或是郁郁葱葱的森林世界、悠哉漫步的野生动物；都是美景如画的加拿大国家公园的一部分。

著名国家公园推荐			
名称	相关介绍	穷游亮点	交通
班夫国家公园	班夫国家公园（Banff National Park）位于阿尔伯塔省西南部，内有一系列冰峰、冰河、冰原、冰川湖和高山草原、温泉等景观，风景极佳	露易斯湖、梦莲湖、弓河等多处自然景观	可从卡尔加里乘巴士前往
贾斯珀国家公园	贾斯珀国家公园（Jasper National Park）位于阿尔伯塔省落基山脉最北边，拥有多种野生动植物和大自然美景	远足、划独木舟、骑马、垂钓，与野生动物们“混个面熟”	可从埃德蒙顿乘灰狗巴士前往
麋鹿岛国家公园	麋鹿岛国家公园（Elk Island National Park）位于加拿大阿尔伯塔省，拥有北美最大与最小的哺乳动物，美洲森林野牛和美国侏儒鼩	徒步、露营、观赏野生动物等	可从埃德蒙顿租车前往
太平洋沿岸国家公园保护区	太平洋沿岸国家公园保护区（Pacific Rim National Park Reserve）位于加拿大大不列颠哥伦比亚省，最著名的景点为长滩，至今保留其原始风貌，周围群山森林环绕，吸引无数冲浪者前来	长滩美景、露营	可从温哥华自驾前往
格罗斯莫尔纳国家公园	格罗斯莫尔纳国家公园（Gros Morne National Park）位于西海岸的纽芬兰（Newfoundland），是加拿大的世界遗产之一。公园面积广袤，拥有丰富多样的自然景观、野生动物和娱乐活动	海岸低地、高山高原、海湾、冰河峡谷、悬崖峭壁、瀑布以及许多纯净的湖泊	可从纽芬兰自驾前往

续表

名称	相关介绍	穷游亮点	交通
爱德华王子岛国家公园	爱德华王子岛国家公园（Prince Edward Island National Park）位于加拿大爱德华王子岛北岸，是加拿大重要的鸟类保护区	欣赏著名的海滩和美丽的海岸景观以及各种鸟类	可从夏洛特敦租车前往

见证历史的国家遗存

加拿大是个充满了神秘色彩的国家，有着非常多的古建筑，很多人来此旅游都是为了观看这些历史景点，从中感受加拿大的历史文化。

历史遗存推荐

名称	相关信息	穷游亮点
魁北克古城区	见P164	古城有着北美大陆最著名的军事防御要塞星形城堡、“魁北克香榭丽舍大道”、200多余年未曾熄灭的长明灯、奇妙的大壁画等景点
卢嫩堡古城	见P303	老城内有临水而建的彩色房子、“蓝鼻子号”渔帆船、大西洋渔业博物馆等众多景观
约克堡	见P126	战争洗礼后的约克堡外观
诺特丹圣母大教堂	见P179	祈祷大厅、宗教博物馆、小礼拜堂
总督府邸	见P148	参观公共大厅、庭院、观看卫兵仪式活动
加拿大国会大厦	见P147	俯视渥太华河、和平塔
圣安妮大教堂	见P167	欣赏著名的圣安妮雕像和穹顶的彩绘马赛克
安大略省议会大厦	见P125	富有特色的雕刻和壁画景观
卡萨罗马古堡	见P126	参观古堡的老式汽车及马厩
古酿酒厂区	见P125	老式建筑外观、厂区雕塑、酒吧

味美价廉的美食全体验

快餐店、超市的独家美食

加拿大人喜欢在外吃饭以及吃快餐，各类便捷、实惠的快餐店也遍布各个城市的每个角落。此外，去加拿大的连锁超市内买食物，也是很经济实惠的选择。

美味的快餐店

如果预算有限，尽量选择到快餐店就餐，一个套餐的价格为5～10加元。

快餐店推荐		
名称	特色	网址/二维码
肯德基（KFC）	与国内的店面、食物相同，只是套餐有所不同。在各大超市、商场、加油站、车站、机场、街道上都能见到它们的踪影	www.kfc.ca

续表

名称	特色	网址/二维码
麦当劳（McDonald's）	在加拿大，麦当劳是平民快餐，其服务以及菜单也与国内有许多不同。一些大城市内分布着几十家麦当劳店铺	www.mcdonalds.ca
汉堡王（BURGER KING）	分量很大，在有优惠券的情况下很优惠	www.bk.com
达美乐（Dominos）	知名比萨连锁公司，是世界公认的比萨外送领先者	www.dominos.ca
赛百味（Subway）	主打健康的三明治，据说是为了实施国民减肥计划和健康饮食而建	www.subway.com/en-ca

TIPS 在一些娱乐场所和街心公园四周，还有很多快餐车，如果你赶时间，可以买一份快餐，边走边吃，但是千万别捎带买一份啤酒之类的含酒精饮品，加拿大法律禁止公民在公共场所饮酒。

实惠的超市

如果时间充裕，尽量选择去大型超市购物。加拿大有很多连锁超市，如Loblaws、Nofrills，东西很齐全，并且价格也比较便宜。

实惠的超市信息		
名称	特色	网址/二维码
Loblaws	Loblaws是加拿大第一大食品零售商，在加拿大全国有2000多家分店，有特色的烘焙蛋糕、甜点等	www.loblaws.ca
Nofrills	是加拿大一个随处可见的平价超市，主营食品。旗下自主品牌“No Name”价格比同类产品低很多，包装只印有标志和产品名称，并且都采用黄色的简洁包装	www.nofrills.ca/en_CA.html
Whole Foods Market	在美国起家的全球最大的有机健康食品超市，它提倡高质量生活、绿色健康食品和环保	www.wholefoodsmarket.com/stores/list/canada

TIPS Loblaw旗下主要还有Real Canadian Superstore、Shoppers Drug Mart两类购物场所，Real Canadian Superstore经常被缩写为RCSS或者Superstore，是很多加拿大人赖以生存的超市，东西多又便宜。Shoppers Drug Mart 外观是红色的招牌，特别显眼，卖一些药品、零食、饮料、日用品和化妆品等，很多Shoppers店都是24小时开门的，非常便民。

此外，想要在市中心吃到平价食物，一些便利店也是不错之选，通常市中心的便利店还会提供货币兑换服务，不过要注意汇率和手续费的问题。在加拿大，比较常见的便利店为7-11便利店，在市区内随处可见，不过该便利店比大型超市要贵一些。当晚上超市关门以后，来这里买东西还是挺方便的。

7-11便利店官网：
www.7-eleven.com

美味BBQ的有趣体验

BBQ就是把食品放在加热的铁板上烤熟,也就是我们常说的烧烤，每逢周末或假期，很多加拿大人都会选择在野外或家里度过快乐的BBQ时光。

有关BBQ的一切

★在加拿大有些地方会有“BBQ”标志，如公园、绿地、休息区、海滩边、露营地等，这些地方一般都提供完善的烧烤设备。

★如果没有烧烤架，人们也可以自己带，那需要看公园内的标志，是否显示本区域允许使用人们自带的烧烤炉。

★关于自带烧烤燃料，要注意加拿大各市政府的规定，一些指定场地配备的烧烤炉只能使用木炭或煤块，严禁使用气体燃料。

★所需的食物主要有牛排、羊排、鱼片、虾及各种蔬菜等，在烧烤之前，需先将这些食物在调料中浸泡数小时，食用时佐以各种烧烤酱以及各种蔬菜、水果。

★要记得，在户外公共场所使用烧烤炉后，要将其清理干净。

热门的BBQ场地

BBQ地推荐			
城市	名称	地址	介绍
多伦多	Sunnybrook Park	1132 Leslie St., Toronto	这里是一个环境幽美，烧烤设施齐全的公园
	Earl Bales Park	4169 Bathurst St.,North York, Toronto	这里冬天是个BBQ滑雪胜地，一到夏天就变成一个BBQ的好地方。有着野餐桌、椅子、还有烤架
	Toronto Islands	9 Queens Quay West	湖心岛公园（Centreville Amusement Park）备有30多款机动游戏及节目，以及超过14个食肆摊档，让每人各取所好。你可以乘渡轮到中央岛，这里极受带孩子的家庭及团体欢迎，是郊游野餐的热门地点
	Willow Beach	1838 Regional Road 118,Muskoka Lakes	离Scarborough 大约1个小时的车程，水质非常好，是个BBQ、钓鱼、晒日光浴、放松的好地方
	Bluffer's Beach	1 Brimley Road S,Scarborough	位于Brimley Road的最南端，Bluffer还有许多小径可以到达山坡、山崖上。公园里有停车位、洗手间、更衣室、免费的BBQ炉子和公共船位
	Centennial Park	256 Centennial Park Rd.,Toronto	有很多BBQ炉子提供，地方也宽敞，每年都有盛大的排骨节Rib Fest，懒得动手也可在此吃到爽

续表

城市	名称	地址	介绍
温哥华	Spanish Banks	在NW Marine Drive上，靠TolmieStreet西边	温哥华市内最大的一片海滩，远离城市的喧嚣，海滩上准备了非常多的野餐小餐桌，同时也有排球场等设施。下午潮汐退去，晚霞、城市天际与北岸群山构成美丽图画，在此BBQ是最为惬意的
	Wreck Beach	UBC大学Trail 6小路边	这里是闻名全球的浴场，有树林做屏障，相当隐秘，初去的人可能不太容易找到。它位于UBC（卑诗省大学）校区西南不远处，在此可以边吃烧烤边观看海滩的美景
	Second Beach	Stanley Park Dr.,Vancouver	这片沙滩在Stanley Park个North Lagoon Drive的中心地带。这里可以进行BBQ和看露天电影
	Trout Lake	3360 Victoria Dr, Vancouve	这里有宽阔的球场和漂亮的湖泊，设有野餐桌和游泳区域

TIPS 选择烧烤场地时要远离易燃物，靠近水源；不要在烧烤区打闹嬉戏；炉中的碳若是没有烧完一定要将其熄灭，留作下次使用，或是倒入垃圾箱中。若是找不到垃圾箱最好是将其掩埋，不要随便丢弃。

经济美味的特色小吃

加拿大是美食最丰富的国家之一，来自世界各地的移民给加拿大带来了各种精彩的地域风情美食，特色小吃更是层出不穷。

经济美味的小吃店推荐			
推荐店铺名称	地址	网址/二维码	介绍
Poutine	蒙特利尔的La Banquise/994 Rue Rachel E,Montral	labanquise.com	Poutine就是干酪浇肉汁土豆条，起源19世纪50年代的魁北克省的经典小吃。实际上是加拿大对薯条的一种特殊吃法。在法式薯条中撒满奶酪凝乳，最后浇上浓郁的肉汁。有时候还会加入火腿、香肠或者鲑鱼，通常当做小吃或配餐。快餐店、小酒吧或街边美食卡车等地都可以买到
Montreal Smoked Meat	蒙特利尔的Schwartz’s/3895 Boul St.-Laurent,Montral 多伦多的Caplansky’s Deli/356 College St.,Toronto	www.schwartzsdeli.com www.caplanskys.com	蒙特利尔熏肉Montreal Smoked Meat远近闻名，是用牛胸肉熏制而成、讲究薄厚均匀的3毫米手工切片，且牛肉片不散，通常夹于三明治中一起食用

续表

推荐店铺名称	地址	网址/二维码	介绍
Nanaimo Bars	加拿大蛋糕店、咖啡馆、大型超市里均有出售	—	华人们都管它叫“奶奶庙条”，爱吃甜点的一定要尝尝。Nanaimo Bars甜点起源于卑诗省最西端的温哥华岛上的Nanaimo市，是加拿大一款非烘烤的传奇美食。它用全麦薄脆碎屑、椰丝、核桃、香草布丁和巧克力等制作，味道偏甜
Maple Syrup	各大旅游城市的商店里都有出售	—	Maple Syrup枫糖产于加拿大的标志—枫树，也叫枫叶糖浆。由红枫、黑枫、糖枫等品种的树干中提取的汁液加工而成，味道清甜，色泽亮丽，通常用来搭配薄饼、华夫饼、培根等。全世界有75%~80%的枫糖产于魁北克省。加拿大许多饭店的餐桌上，默认的调料除了盐、胡椒和番茄酱以外，还有1小瓶枫糖浆
Peameal Bacon	多伦多圣劳伦斯市场的Carousel Bakery/Unit 42,93 Front St E, Toronto	www.stlawrencemarket.com/vendors/vendor_detail/56	Peameal Bacon豌豆腌肉是一道起源于多伦多的标志性美食。它采用缓慢腌制的里脊肉包裹豌豆粉烤制而成，通常与蛋黄酱、番茄片和生菜同夹于蔷薇花式小圆面包中食用
Butter Tart	多伦多的Leah’s/621 St., Clair Avenue West, Toronto	www.leahs.ca	Butter Tart 牛油挞是地道的加拿大传统甜食。它是将黄油、枫糖、鸡蛋及各种坚果填充至油酥皮中烘烤而成。牛油挞是早期加拿大的先锋美食，松软或稍硬的奶油馅饼，上面点缀着葡萄干、坚果等

续表

推荐店铺名称	地址	网址/二维码	介绍
Beaver Tails	多伦多的BeaverTails Pastry/Toronto Premium Outlets	beavertails.com/en	Beaver Tails河狸尾巴，其实是一种加拿大的油炸面食，只是因形似河狸尾巴而得名，通常大家在表面撒上巧克力、水果等调味品一起食用
Bakerbots Baking	Bakerbots/205 Delaware Avenue, Toronto	www.bakerbotsbaking.com	Bakerbots Baking冰淇淋三明治，这是一种完美的手持甜点。Bakerbots 店中的冰淇淋三明治好吃到令人惊讶，你可以自己选择搭配饼干和冰淇淋，而且口味众多，每一款都值得一试
Fresh 的洋葱圈	多伦多Fresh/894 Queen Street West, Toronto	freshrestaurants.ca	不来到Fresh，也许你永远不知道包裹着藜麦的洋葱圈可以如此美味。作为一家素食连锁店，Fresh在多伦多洋葱圈界有着鼎鼎大名。外咸内甜、酥脆的外壳包裹着香软的洋葱，即使不喜欢吃洋葱的人也不会拒绝这个味道

TIPS 作为一名资深吃货，下面这几个加拿大本土品牌美食不可错过哦！

加拿大最受欢迎的咖啡厅Tim Hortons；美味的冰淇淋Chapman，它的设计不是特别的精美，但是很有名，并且价格便宜，特价时一大桶只需3.99加元；让人垂涎欲滴的Purdy’s Chocolates，几乎每个大商场都可以找到它的踪影。

自己动手做饭

在加拿大，如果每顿饭都在外边吃那花费肯定不会少，有时候可能吃不惯当地食物，而导致身体不舒服。为了更好的节省餐饮预算，可自己动手做饭。

首先你可以预订带厨房和厨具的公寓式酒店、民宿或青年旅舍，这些地方基本上都设有厨房，设备齐全，只需备好食材即可。相关的住宿地信息可参考第三部分既要住好又要省钱内容（见P62）。外出的话还可以在外面做饭，比如露营地、公园等公共设施比较健全的地方。

去哪里买食材最实惠

唐人街

自己做饭，选择合适的调料很重要，如果对加拿大当地的调料不熟悉，可以选择到加拿大唐人街上的超市中寻找自己熟悉的食材和调味料。

多伦多、温哥华唐人街主要的超市信息			
唐人街	店铺推荐	地址	网址/二维码
多伦多唐人街	Kai Wei Supermarket	253 Spadina Ave.,Toronto	www.isupermarket.ca
	Loblaws	585 Queen St. W.,Toronto	loblaws.ca

续表

唐人街	店铺推荐	地址	网址/二维码
温哥华唐人街	大统华超市（T & T Super-market）	179 Keefer Pl., Vancouver	www.tnt-supermarket.com

华人超市

购买食材，尽量选择到大超市因为一些小店虽然会便宜一些，但是找起来过于烦琐。加拿大有许多适合华人的超市，特别在大温哥华地区。

华人超市信息			
城市	名称	地址	介绍
多伦多	丰泰超市 Fooddy Market	355 Bamburgh Cir,Scarborough	多伦多大型连锁综合超市之一，总部设在多伦多，商品种类众多，价格合适，深受当地华人喜爱
温哥华	Osaka Supe rmarket	2200 Park Royal South, Upper Level, West,Vancouver（西温）3700 No. 3 Rd.,Richmond（八佰伴）	原来是日本八佰伴集团所属的超级市场，但自从被大统华收购以后风格就产生了变化。虽然还有日本商品卖，但中国商品已经占了主流。商品价格和大统华是统一的，特价时会有更多便宜的商品出现
	Richmond Public Market	8260 Westminster Hwy,Richmond	这里的菜价基本上都会比外面的加拿大本土超市便宜，每天还有几种超值特价品，算是大温地区很具有代表性的市场
	丰泰超市 Fooddy Market	3000 Sexsmith Rd.,Richmond	经营各类商品，包括化妆品，还自带Food Court

TIPS

超市购买食材推荐	
常备食材	建议可选食材
肉类、蔬菜、鸡蛋、各种调料，以及牛奶、面包、三明治。加拿大各类食材品质较好，即使是打折优惠的，也不用担心质量问题	新鲜多汁的车厘子、牛油果、Greek God酸奶、Naked混合果汁、Miss Vickie's Jalapeno味的薯片、King's Hawaiian小面包

不可或缺的装备

有厨房的住宿地设施齐全，做起饭来跟家里差不多，而没有厨房的话就需要自备装备了。尤其是住免费营地，水和火源是不可或缺的。

自己做饭所需装备	
名称	介绍
水	和许多西方国家一样，加拿大人习惯直接饮用自来水，而且是生饮居多，无论是居民区还是公园，甚至连郊区、高速公路旁都有自来水装置，人们渴了会直接喝上几口甘甜的自来水，而较少有人去买矿泉水。可以事先准备几个桶，等看到干净的自来水水源装满待用
火	准备气罐和炉头即可，炉头可在国内买好，而气罐因为安检问题需在当地购买
碗筷	碗筷尽量买轻便易携装的
冰袋	用于储存肉和牛奶之类的生鲜食材

TIPS 如果想要购买各类厨房用具，可以在加拿大华人首选的网上购物商城选择，秒麦网是加拿大第一家专业面向华人的B2C网上购物商城，并且也是加拿大唯一一家拥有独立超大型恒温仓库的购物网站。提供亚洲爆款零食、创意家居、汽车数码等8大类共计近几千种商品。有着加拿大华人圈中最低的包邮政策，满59加元即可在加拿大任意地区包邮。具体信息可以扫描右侧加拿大秒麦网二维码了解。

www.milkbuy.com

用餐不可忽视的事

★在加拿大，如果当地人邀请你一起吃饭，最好事先到花店买一束鲜花送给主人，以表达自己的谢意。在餐桌上，男女主宾一般分别坐在男女主人的右手边。饭前先用餐巾印一印嘴唇，以保持杯口干净。进餐时，左手拿叉，右手拿刀，刀用完后，放在盘子边上。吃东西时不要发出声音，不宜说话，切忌把自己的餐具摆到他人的位置上。

★多数加拿大餐馆分吸烟区及非吸烟区，当你去用餐时，一定要小心，别坐错了地方。餐馆一般收7%的货品及服务税。账单不加服务费，若服务好，通常给15%的服务费。

★在餐厅吃饭，有时候需要预订，有些虽然不需要，但到了餐厅，要在门口等服务员领你去座位，不要自己随便找地方坐。

魁北克古城中的餐厅

买好不买贵

了解加拿大商品打折规律

不容错过的折扣季

加拿大的打折季主要是11月中下旬（Black Friday）以及圣诞节假期（Boxing Week)期间，此时打折力度最大，在学校的暑假期间，或者一些特殊日子，比如卑诗日（BC日）也会有不同程度的打折。如果赶得巧，还可能会买到一些折上折的商品，在扣除消费税后是非常便宜的。加拿大提供大幅度打折的商店一般在个别城市的中心商城、超级市场和仓库式商店。

TIPS 每到节礼日前后，各大名品店便会人满为患，往往从早上就排起了长队，需有目的性地提早到达。买东西的时候记得要货比三家，用最优惠的价格买到心仪的商品。

寻找折扣信息

通常各城市的大型商场会在官网上发布即时折扣信息，一般商店打折的时候会在店外标明“upto百分数off”，或者类似于“70%off”等字样。

大型商场推荐		
名称	地址	网址/二维码
多伦多伊顿购物中心（Toronto Eaton Centre）	220 Yonge St.,Toronto	www.cfshops.com/toronto-eaton-centre.html
西埃德蒙顿购物中心（West Edmonton Mall）	8882 170 St. NW., Edmonton	www.wem.ca
温哥华太平洋购物中心（Pacific Centre）	701 W Georgia St., Vancouver	www.cfshops.com/pacific-centre.html

TIPS 在各大商场官网上查看相关信息比较便捷，但要注意一点，在抢购时段，由于访问人数骤增，一些商场官网往往会处于瘫痪状态。为了保险起见，尽量提前在官网上确定好相关信息。

品牌直销店

品牌直销店又被称为奥特莱斯，加拿大很多城市都有品牌直销店，这些商店大部分分布在距离市中心1~2小时车程的城镇上。主要销售一些名牌过季、断码的商品，最常见的牌子是Nike、MEXX、Gucci、Levis等，价格都非常便宜，通常都能享受40%~50%的折扣，购物环境也较好。

品牌直销店推荐		
名称	地址	网址/二维码
Toronto Premium Outlets	13850 Steeles Avenue West Halton Hills,Ontario	www.premiumoutlets.com/outlet/toronto
McArthurGlen Vancouver	7899 Templeton Station Rd.1000,Richmond	cn.mcarthurglen.com
Tanger Outlets Ottawa	8555 Campeau Dr., Ottawa	www.tangeroutletcanada.com

② 当地人推荐的购物地

当地人爱去的购物地

当地人推荐的购物地		
所在城市	名称	信息参考
多伦多	多伦多伊顿购物中心（Toronto Eaton Centre）	—
	PATH地下城	见P135
渥太华	里多购物中心（Rideau Centre）	见P158
	沿海岸购物中心（Bayshore Shopping Centre）	见P158
	奥尔良购物中心（Place D' Orleans）	见P157
蒙特利尔	伊顿购物中心（Eaton Centre）	见P195
	Place Alexis Niho	见P196
	蒙特利尔地下城（Montreal Underground City）	见P196
温哥华	温哥华太平洋购物中心（ Pacific Centre）	见P270
	Tsawwassen Mill	见P270
	Metropolis at Metrotown	见P270
埃德蒙顿	西埃德蒙顿购物中心（West Edmonton Mall）	见P212
	South Edmonton Common	见P212
	Edmonton City Centre Mall	见P212
卡尔加里	切努克中心（Chinook Centre）	见P250
	十字铁磨奥特莱斯（Cross Iron Mills Outlet）	见P250

当地人推荐的市场/街区		
所在城市	名称	信息参考
多伦多	圣劳伦斯市场（St. Lawrence Market）	见P136
	央街（Yonge Street）	见P135
	肯森顿市场（Kensington Market and Spadina Avenue）	见P136
	皇后街（Queen Street）	见P135
渥太华	拜沃德市场（ByWard Market）	见P159
	火花街市场（Sparks Street Mall）	见P159
	威廉街（William Street）	见P157
魁北克市	魁北克旧城（Old Quebec City, Quebec City）	见P173
蒙特利尔	圣凯瑟琳大街（Saint Catherine Street ）	见P194
	Atwater Market	见P197
温哥华	格兰维尔岛公共市场（Granville Island Public Market）	见P271
	罗伯逊街（Robson Street）	见P269
温尼伯	福克斯市场	见P218
卡尔加里	斯蒂芬大街	见P249

TIPS 如果你想去多伦多与温哥华周围的村镇游览，那一定不可错过下面这两个购物地。

圣雅克布斯农贸市场（St.Jacob’s Farmers Market）

圣雅克布斯农贸市场位于多伦多西边的滑铁卢地区，小镇因聚集着古老而神秘的门诺尼特教徒和遗产（Mennonite）而闻名于世，当然还有值得观赏的小镇风情。小镇上的圣雅克布斯农贸市场有着新鲜欲滴的果蔬、奶酪和肉，现做现卖的美食，小家具摆设和手工艺品等。热情淳朴的小镇居民，欢迎人尽情徜徉，在这里购物你可以感受到最真实的加拿大风情。

www.stjacobs.com/farmers-market

耶鲁镇（Yaletown）

耶鲁镇位于温哥华的东南，是一处颇有历史感的街区，也是温哥华最时尚的地标之一。路边咖啡馆、创意餐厅、精品小店、雅痞气息，都是体验生活的好去处。小镇上的Roundhouse（扇形车库），曾经是运营的火车站，在被废弃不用之后变为了文艺气息浓重的艺术中心，各种品味小店林立。同时还收藏和陈列了旧铁路和古董火车头，阳光散漫，是拍照的必选之地。

yaletowninfo.com

可以逛逛免税店

加拿大能提供的免税主要是消费税（GST），免税金额加起来约是购买商品总价值的5%。加拿大的免税店跟其他国家一样分为机场免税店和市区免税店，机场免税店属温哥华和多伦多的最出名，市区内的免税店主要是奥特莱斯免税店。

免税店推荐

名称	地址	介绍	网址/二维码
Nuance免税店（多伦多皮尔逊国际机场店）	6135 Silver Dart Dr., Mississauga	经营的免税商品包括化妆品、冰酒、加拿大特产、旅游纪念品及一些国际高档品牌等。化妆品类，不论是雅诗兰黛、兰蔻，还是资生堂等这些品牌护肤品和很多香水都可以买到，价钱比The Bay还是便宜一些，特别是好多牌子都有Travel-package，比单买便宜	www.torontopearson.com/en/shopdinerelax/duty-free

续表

名称	地址	介绍	网址/二维码
温哥华寰宇免税店（World Duty Free）	3211 Grant Mc. Conachie Way, Richmond	作为北美地区第一家免税店，温哥华寰宇免税店设立在温哥华国际机场安检后的国际航班候机大厅、美国航班候机大厅内，拥有本市最大规模的美妆店、名酒精品店，更汇聚了众多世界顶级奢侈品牌和本地知名品牌，不仅便捷超值，而且选择种类众多，无任何附加税	worlddutyfree.ca/ch 

TIPS 可在免税店购买一些名牌商品，这些物品在免税店购买可获得退税，（退税的相关信息见本章不可不知的退税常识，见P105），这样比在专卖店、购物中心购买实惠很多。免税店一般有会说中文的工作人员，所以不用太担心语言沟通问题。

③ 让人欲罢不能的加拿大购物清单

不容错过的当地特产

枫糖浆

加拿大的枫糖非常香甜，还有独特的风味，是从一种有着40年以上树龄的枫树中所采集的汁液，平均40升的枫树浆只能提炼出1升的枫糖浆，非常珍贵。枫糖浆是一种非常健康的营养品，在当地人的生活中经常搭配着面包和煎饼，还有咖啡一起享用。在当地还有一道名菜“枫糖煎三文鱼”，就是在煎制好的三文鱼上面淋上枫糖浆而成。

冰酒

加拿大冰酒是世界著名的酒品之一，由于酿造工序复杂、出酒率不高，所以更加珍贵，买来送人再合适不过了。其对于人体的抗衰老有着卓越的功效，更是深受人们的喜爱，游客基本都会买一些冰酒回国。

熏鲑鱼

加拿大的熏鲑鱼闻名全球，品种有粉鲑鱼和鲑鱼王。其中，微微熏过的鲑鱼王鱼片采用真空包装，是很好的礼品。熏鲑鱼可在土特产店的鱼品柜里买到。

原住民艺术品

加拿大的原住民艺术品会让很多游客念念不忘，从手工缝制的鹿皮鞋，到形状各异的陶器，再到时装，以及各种木质雕塑，无所不有。买上几件艺术品回家，摆在展示柜上，能帮助你回忆起在加拿大游玩的美好时光。

其他

保健品：西洋参、深海鱼油、海豹油、蜂胶、葡萄籽等。

毛皮与皮衣：毛皮为加拿大代表商品，价钱便宜、种类繁多。皮衣则是手工编织品的代表，口碑极佳。

两元加币：喜欢收集各国硬币的爱好者不容错过，这枚“铜心银边”的硬币，正面是伊丽莎白二世女王的头像，背面则是北极地区的象征——北极熊，由于造型精美独特，在1996年刚推出，就获得了世界最佳流通币大奖。2015年为了纪念国父John Alexander Macdonald的200周年诞辰，加拿大还发行了纪念版两加元硬币，这是全球罕见的正反两面都是头像的硬币。如此有意义的硬币，不要忘记带回国收藏哦！

冰川泥：冰川泥中含有大量极易被皮肤吸收的营养元素，防止皮肤老化，并且具有保温功效，使皮肤变得柔嫩、光洁富有弹性。

性价比高的本土品牌

本土品牌推荐			
类型	名称	介绍	网址/二维码
服饰类、鞋类	Canada goose	Canada goose是世界第一羽绒服品牌，于1957年成立。Logo是北极和枫叶，据说能御寒-30°，Canada goose不但是北极探险队队员的出征首选装备，也是各位明星冬季出街必备单品，不过价格很高	www.canadagoose.com
	Garage	Garage是加拿大年轻女生品牌。类型跟舒服的Roots不一样，比较流行时髦，真有加拿大风格。代表的符号是粉红色的星星，当地很多年轻女孩都很喜欢买他家的衣服，在各大购物中心都找得到，单价也不会太高	www.garageclothing.com/ca

续表

类型	名称	介绍	网址/二维码
服饰类、鞋类	ARDENE	服饰类型也同样是以年轻女性为主，而且也从魁北克起家的，ARDENE卖的东西包罗万象，衣服、鞋子、袜子、流行饰品、围巾、钱包应有尽有，且常常会有特价单品，想穿流行又不想花大钱，就来这儿吧	www.ardene.com
	Lululemon	Lululemon是由西岸的Vancouver起家的运动品牌。这个牌子的衣服布料很舒适，喜欢穿着舒适的人群可以选择这个牌子	shop.lululemon.com
	Aritzia	源起于Vancouver的品牌，Aritzia旗下也有很多品牌，主要包括Talula Babaton、TNA、Talula、Community、Wilfred 和Parklife。其中Talula Babaton主要设计以上班族为主的商业服装；TNA侧重于运动和休闲；Talula是为时尚小女孩设计的；Community则侧重于本土文化特色；Wilfred专为赶超时尚的潮流人士设计；Parklife则是专为2010奥运会而独家推出的品牌。在这6个品牌中，最受欢迎的是TNA和Wilfred，深受很多年轻女生的喜欢	intl.aritzia.com/default
	宝姿（PORTS）	1961年，PORTS（宝姿）诞生于加拿大港口城市多伦多，如今产品系列包括男女装、手袋配饰、眼镜、香水等，简约优雅的时装风格深得全球名流及时尚人士钟爱	www.ports-intl.com/?cn

续表

类型	名称	介绍	二维码/网址
服饰类、鞋类	始祖鸟（ARCTERYX）	这是加拿大户外服饰品牌，1989年创立于加拿大温哥华，已成长为北美乃至全球领导型的户外品牌，也是人们公认的顶级奢侈品。其产品多用于攀岩、徒步等活动	www.china-arcteryx.com
	ALDO	ALDO来自蒙特利尔，主要是令人耳目一新的男士和女士鞋及配饰，这些潮品牢牢抓住了那些站在时尚前沿、追求国际品牌的时尚达人的注意力，让人爱不释手，但又不会破费太多。ALDO在2011年已经进军中国市场，但在加拿大购买价格要便宜得多。凉拖、平底鞋、皮鞋都是比较好的选择	www.aldoshoes.com/ca/en
包类	Herschel	是加拿大知名包袋品牌，其秉承简洁实用的设计理念，以精良的材质和独到的复古风格立于时尚界	www.herschelsupply.com
	Roots	Roots 创立于1973年，是加拿大最具代表性的休闲服饰品牌，简洁的设计风格中，标榜“轻松、自然、活力”的旗号，在加拿大及美国市场都很受欢迎。Roots皮包在各地区也非常受欢迎	www.roots.com

续表

类型	名称	介绍	二维码/网址
化妆品类	MAC（Make-upArtCosmetics）	MAC已被化妆品巨头雅诗兰黛收入旗下，在全球83个国家都有他们的专柜。但来了加拿大，别忘在其发源地买几样MAC产品。MAC最值得购买的是唇彩，颜色鲜艳闪亮，上色时间持久。唇彩的销量在所有高档品牌中排名第一，可以说是世界上最好用的唇彩之一	www.maccosmetics.com.cn
	Cargo	这是来自加拿大多伦多的美妆品牌，他家的睫毛膏、腮红等口碑都很不错	www.cargocosmetics.com
	ANNABELLE	是加拿大的彩妆品牌，产品包括面部彩妆、眼部彩妆、唇部彩妆和彩妆工具	www.annabelle.com
护肤品类	Caprina	Caprina是加拿大最知名的护肤品牌，他们的产品是用真正的新鲜山羊奶做成的，天然有机，他家的新鲜山羊奶香皂、泡澡沐浴乳及身体沐浴乳等系列产品，皆能被微生物自然分解且不含会破坏环境生态的磷酸盐（Phosphate），而滋润身体乳不含苯甲酸酯（Paraben）防腐剂，广受大家欢迎	www.caprinadesigns.com

续表

类型	名称	介绍	网址/二维码
护肤品类	Isomers	Isomers是加拿大一个著名药妆品牌，总部设在多伦多，是北美较早的一家把高新科技酵素分解胜肽融入产品的公司，拥有针对不同年龄段、不同肤质的产品，口碑较好	www.isomers.ca
	Fruits & Passion	Fruits & Passion是国际专业个人护理品牌，以高品质和全新产品理念，崇尚高雅、健康、自然的生活方式。涉及护肤、香水、家居、美食等各个领域，全线产品从面部护理，到身体的香薰精油、男士护理等从头到脚的360° 的专业呵护，以及现代家居的护理等	www.fruits-passion.com/en-ca
	Marcelle	Marcelle是加拿大美容品牌，创建于1933年，其产品包括护肤和彩妆系列。主要分为走医药化妆品的路线和走身体清洁用品路线两大主轴，他家有的产品甚至是敏感性肤质也可适用	www.marcelle.com

不可不知的退税常识

退税详情

在加拿大购买商品，如果需要退税，需要满足特定条件，并通过特定的手续办理。

退税相关条件

提供由加拿大海关盖章认证的购物收据原件（收据复印件或信用卡签账单一概不予接受）；每单张收据金额（税前）应超过50加元，所有申请收据总金额（税前）应超过200加元；机票或登机证明原件，证明进出加拿大的日期；保证物品原装不动带上飞机；机场免税店购买的物品，有不少可以当场退税，事先询问清楚。

申请退税

退税方式有两种，一是回国再退，另一种是当地退税。回国退税就是填一份表格与收据（Receipt），一起寄到表格上的地址，且一定要回国后才可以寄。你也可以从免税店或者机场获得游客退税单（Tax Refund Application for Visitors），填写完成，游客可在加拿大卑诗省“温哥华旅游服务中心”直接办理退税服务。地址：Water front Center, Plaza level,200 Burrard St.,VancouverB.C.；电话：0604- 6832000。

退税须知

餐饮费用；购买烟、酒的费用；加油、交通运输等费用，如机票、火车、巴士或租车等；干洗衣物、修鞋、修车、娱乐及停车等费用；专业服务费用，如婚丧服务；租用旅行车或其他休闲车辆的费用；船舱或火车卧铺费用，以上这些均是不能退税的费用。

TIPS 更多相关加拿大退税的问题。可以在由加拿大政府发行的英文版退税规定的小册子*Tex Refundf or Visitors*上了解，可向当地的商店、饭店、百货公司或机场旅游服务中心索取。

体验加拿大民风民俗

热闹有趣的节庆活动

加拿大的节日丰富多彩，一年之中有多个节日和庆典、纪念的假期。其中有世界性的假日，也有一些加拿大特有的节日，还有一些节日是地方性的，如渥太华的郁金香花节、魁北克省的冬日狂欢节等。

加拿大节庆活动月历表			
月份	名称	举办时间/地点	参与其中
1月	尼亚加拉冰酒节	1月13日至1月29日/尼亚加拉地区	游客可以享受节日晚宴、全程服务的户外冰吧，欣赏华丽的冰雕、酿酒厂、冰酒品鉴，还可以沿尼亚加拉著名酒庄进行马车巡游，沉浸在尼亚加拉精彩纷呈的冰酒节中
2月	渥太华雪祭	2月份（每年时间不定）/渥太华	节日上，整个渥太华将迎来闪闪发亮的冰雕和现场音乐演出，上千名滑冰者还将在世界上最长的室外溜冰场——里多运河滑行，场景异常壮观。还可以参与数十种节日活动，感受加拿大冬日的热情

续表

月份	名称	举办时间/地点	参与其中
2月	魁北克冬季狂欢节	2月第1个周六开始为期10天/魁北克市	冬季狂欢节是魁省最大的节日，也是世界上最有名的民间节日之一。节日期间，将会有来自世界各国的冰雕艺术家们在冰雕大赛中大显身手，除此之外，冰雪浴、冰火洗礼、冰宫殿、电动狂牛、高空滑索、雪道滑行等众多精彩活动，都等着你亲身去体验
	旅行者节	2月举办时间不定/温尼伯	这是一个带有法式风情的加拿大节庆，长达10天的舞蹈和音乐庆典日夜不休。游客可以欣赏到超过300场的音乐表演、宏伟雪雕、手工艺品和Governor’s Ball音乐节，还能够品尝到当地的传统菜肴
	杰克·弗罗斯特儿童冰雪节	2月24日至2月26日/夏洛特敦	带孩子的游客可以和孩子一起探寻户外冰雪王国，参观娱乐场馆，观看精彩的室内表演和享受独特的节日氛围
3月	枫糖节	3～6月底/魁克郡的埃尔迈拉（Elmira）小镇、Y型湿地野生动物中心（Wye Marsh Wildlife Centre）、布隆特湾省立公园（Bronte Creek Provincial Park）、巴克霍恩镇（Buckhorn）以及克莱因伯格镇（Kleinberg）	各地生产枫糖的农场在节日期间会粉饰一新，披上盛装，向世界各国游人开放，届时可以观赏制糖的工艺过程、欣赏各种民间歌舞表演、参加各类农场活动，还可以尝到免费供应的枫糖糕和太妃糖

续表

月份	名称	举办时间/地点	参与其中
3月	大力神狂欢节	3月25日至3月27日/耶洛奈夫	游客可以欣赏冰雕，体验火鸡保龄球，观看曲棍球锦标赛，可以在此体验到无可比拟的彻夜狂欢
5月	加拿大郁金香节	5月第三个星期/渥太华	节日期间，五颜六色、绚丽多彩的郁金香遍布渥太华运河两岸，组成延绵30多公里的花海，500多万株郁金香把渥太华装点得焕丽多姿。人们可以漫步运河两岸，走进这郁金香的世界
6月	蒙特利尔国际爵士音乐节	6月28日至7月7日/蒙特利尔	游客可以欣赏各类爵士盛宴，倾听那优雅的曲调，随着节拍跳舞唱歌，沉浸在法语世界里。还可以品尝肉汁奶酪薯条、享受由5道佳肴组成的美味菜式。也可以前往爵士音乐节之家（Maison du Festival de Jazz），享受私人的室内演唱会，周围的露天咖啡馆还为游客准备了特制的卡布奇诺以及新鲜出炉的巧克力面包等美食
	蒙特利尔绘画之夜	6月6日至6月9日/蒙特利尔皇家山大街	欣赏各类街头绘画、装置艺术，还可观看表演、音乐、儿童活动等
	多伦多艺术创意节	6月10号日至6月26日/多伦多	届时将有60余处艺术设施呈现最热闹缤纷的艺术活动。游客可前往央街——邓达斯（Yonge-Dundas）广场，在露天广场上欣赏精彩绝伦的戏剧演出，还可以观看由加拿大国家芭蕾舞团（National Ballet of Canada）倾情呈现的糅合多种风格的精彩作品；或去往历史悠久的步行区——古酿酒厂区，欣赏各类音乐和艺术设施，参与多元文化主义的互动性活动；还可以在David Pecaut 广场聆听户外音乐会，同时品尝多种美味的街边小吃

续表

月份	名称	举办时间/地点	参与其中
6月	冰山节	6月3日至6月12日/圣安东尼	冰山节是为了庆祝北方春天的来临和一年一度的冰山到来。届时游客可以在这里欣赏美妙的音乐，品尝当地的美食，还可以沉浸在各种娱乐、历史、文化之中
7月	卡尔加里牛仔节	7月的第一个周五开始长达十天/卡尔加里	拥有“世界上最精彩的户外表演”的美誉，届时可以观看盛大的游行，游客在这里可以看到世界上最好的牛仔表演和其他丰富多彩的比赛活动，如公牛骑术、女士绕桶赛、捆绳索、骑马徒手摔牛等，令人目不暇接，赞叹连连。另外，这里的大看台表演也不容错过，世界知名的歌手将带来一系列精彩演出，为观众呈现具有牛仔风情的独特音乐节
	大北方艺术节	7月中旬/伊努维克镇	游客可以欣赏到来自全加拿大各地的画家、雕塑家、音乐家和第一民族艺术家的代表作品，还可以观看库钦族（Gwich'in）妇女制作手工原住民玩偶的全过程
	蒙特利尔国际嬉笑节	7月下旬/蒙特利尔	是全世界最大的喜剧节之一，在此可以欣赏到来自全球19个国家和地区的近两千名幽默表演艺术家通过杂技，活体雕塑等多种艺术形式展示他们的幽默和表演
8月	淘金节	8月底/埃德蒙顿	节日期间，人们身穿淘金时代的服装上街游行，热闹非凡。还会在埃德蒙顿广场演出杂耍、马戏，夜晚时分还会燃放五彩缤纷的烟火，游客可以参与到节日的快乐氛围中去
	纽芬兰和拉布拉多省省民俗节	8月5日至8月7日/圣约翰斯	民俗节旨在庆祝纽芬兰和拉布拉多省独特的文化，游客可以聆听优美的传统音乐，参与妙趣横生的互动工作坊，学习当地的舞步或歌谣

续表

月份	名称	举办时间/地点	参与其中
9月	大西洋气球节	9月，时间不定/苏瑟斯	欣赏漫天飘舞的热气球，可以零距离参观热气球从点燃到升空的全部过程
	“秋之味”美食节	9月整月/爱德华王子岛省	为期一个月的“秋之味”美食节期间，全岛将举办超过60场美食活动，各场活动都汇聚正宗的当地美食和传统佳肴。来此可以开启你的美食之旅，并欣赏精彩演出、娱乐节目
10月	贾斯珀暗夜星空节	10月时间不定/贾斯珀国家公园（Jasper National Park）	游客可以边欣赏暗夜中的漫天繁星，边聆听来自世界著名交响乐团演奏的音乐会；还可以仰望千载难逢的日偏食景象，静观神奇的天体变化，沉浸于大自然的奇特和美妙之中。而在星空节的最后一天，宇航员、天文学家、天体观察员及摄影家也会聚集在此，与游客一起围坐在篝火旁，分享趣闻故事
12月	尼亚加拉冬季彩灯节	12月19日至次年1月31日（2016年时间）/尼亚加拉瀑布景区	去加拿大尼亚加拉瀑布景区观赏彩灯是一个非常不错的选择。彩灯节期间，有近两百万的彩灯及超过100种的动画灯光秀将整个尼亚加拉大瀑布照耀得璀璨夺目，同时还可以看到烟火秀、儿童表演等，加拿大新年前夜还会有精彩表演上演

TIPS 上述部分节日日期每年均有不同，出发前想了解节日具体时间可在加拿大旅游局官网上zh-keepexploring.canada.travel查询。

无可比拟的滑雪胜地

说到滑雪，很多人都会想到加拿大。没错，几乎一到冬天，加拿大就纷纷扬扬地飘起雪花来，成为世界著名的滑雪胜地。加拿大有着为数众多的滑雪场地，这些滑雪场无论是雪质还是规模都无可挑剔，并且滑雪场地周围的自然风光也是瑰丽无比，所以，来到加拿大不可错过这项滑雪体验。

加拿大著名滑雪场地推荐

名称	介绍
惠斯勒黑梳山滑雪度假村（Whistler Blackcomb）	位于加拿大西部不列颠哥伦比亚省，温哥华往北125公里，被誉为北美最大的滑雪胜地，并且拥有最高的登顶技术和往返惠勒斯和黑梳山山顶间的横渡缆车，全程4.4公里。游客可以乘坐缆车，在高空观赏整个雪场美景
基金霍斯山度假村（Kicking Horse Mountain Resort）	离不列颠哥伦比亚省戈尔登（Golden）15分钟车程，是落基山脉首个全年开放的度假村。基金霍斯山度假村占地面积达1000多公顷，地势陡峭复杂，雪场垂直落差极大，拥有多条雪道，并以香槟泡沫般飘散的细雪而闻名遐迩。想体验刺激的滑雪高手一定不可错过这里。另外，一定要去鹰之眼餐厅品尝美食，在那里可将三大山脉的全景尽收眼底，这样才算不虚此行
大白山滑雪度假村（Big White Ski Resort）	位于不列颠哥伦比亚省欧垦娜根河谷，拥有超过750厘米的年降雪量，滑雪场内中级雪道偏多，干燥的粉雪非常适合滑雪。除滑雪外，这里还可开展众多其他趣味无穷的冬季活动，如雪鞋健行、雪上飞碟、滑冰、雪地摩托、狗拉雪橇、马拉雪橇等多项趣味无穷的活动

续表

名称	介绍
阳光村滑雪度假村（Sunshine Village Ski Resort）	位于班夫国家公园，距离班夫小镇15分钟左右车程，是加拿大海拔最高的雪场。滑雪场拥有12条缆车轨道，配有7个落基山上最现代的滑椅，以及班夫地区唯一的一个可以滑着雪进出的阳光假日酒店。滑雪者可以在此经历一条雪道跨越两省（卑诗省和阿尔伯塔省）的特殊体验
露易丝湖滑雪度假村（Lake Louise Ski Resort）	坐落在班夫国家公园的中心地带，是加拿大规模最大的单板滑雪度假村。露易丝湖滑雪度假村拥有世界上最松最软的优良粉雪，超过100条滑雪道，最长的一条滑雪道长8公里。而且，在这里游客们不必担心自己的滑雪技术，这里既有适合初学者的滑雪课堂，也有令专业滑雪者倾慕的高山滑雪道。当然，周围的自然景观不能错过，静雅的湖泊、美丽的冰瀑、银装素裹的森林，无一不让你沉醉在这大自然的美景当中
蓝山度假村（Blue Mountain Resort）	位于安大略省的蓝山度假村拥有世界上最大、最完善的造雪系统，有45条难易不同的雪道，垂直落差达220米。除此之外，滑雪场还提供夜间滑雪的服务，滑雪爱好者们可以去尝试一下。另外，滑雪场的夜景也是不容错过的
马蹄谷滑雪度假村（Horseshoe Valley Ski Resort）	位于安大略省，距离多伦多1个多小时的车程。这里没有高山峻岭，是大片的丘陵地带，特别适合初学者和中级滑雪爱好者在此进行高山滑降。这里还有多种滑雪体验和游乐设施，来到这里一定不要错过这些体验
乐玛喜山滑雪度假村（Le Massif Ski Resort）	位于魁北克省夏洛瓦，背靠著名的劳伦琴山脉，是加东地区积雪最厚的滑雪场。雪场面积达1200多公顷，拥有52条难易不同的雪道，山体落差达700多米，是滑雪爱好者理想的滑雪胜地
圣安妮山度假村（Mont Sainte Anne）	位于魁北克省波普雷，滑雪场设施便利，雪质极佳，拥有多条雪道，其中多是高级雪道，而且还拥有一处加拿大最大的越野滑雪场。还可以乘坐缆车欣赏圣劳伦斯河的美景
汤卜朗山度假村（Mont-Tremblant Ski Resort）	位于魁北克省劳伦琴山脉，距离蒙特利尔约1.5小时的车程。滑雪场不仅拥有多处雪道，还有更多的雪地设施。游客可以在此体验雪地摩托、狗拉雪橇等项目

TIPS ★首先需要了解滑雪场的基本地形，如在山区的滑雪场地，多处比较陡峭，需要选择合适的滑道。

★新手第一次去最好是白天，夜场对没经验的人来说要麻烦很多。

★不能选择太小或紧包身体的服装，会限制滑行时的身体动作。衣服选择要宽松，裤腿下开口要有带防滑橡胶的松紧收口，能紧紧地绷在滑雪靴上，有效地防止进雪。

★雪的反射很刺眼，加上滑行中冷风对眼睛的刺激很大，所以不管是否晴天，还是需要准备一副眼镜保护好眼睛，最好选择全封闭型滑雪镜。

★初学者，不要期望不经过指导就可以自己掌握如何控制速度及转弯，需要先参加课程或者接受有经验的人教授，知道怎样控制速度、躲避物体、转弯、保持重心以后才可以在较缓的坡道上实际体验这些滑雪技巧。

浪漫“枫”情游览路线

加拿大是一个有着“枫叶之国”美称的国家，就连其国旗上都有着枫叶的标志。每到秋季，大街小巷，城里郊外，山涧湖边，到处都是一片红的、黄的、橙的、绿的各种颜色，就似一件五彩蝶衣，将整个国家都笼罩在瑰丽无比的景象当中。来到加拿大，一定要欣赏这千年来生生不息的浪漫“枫”情。

游览路线推荐	
名称	介绍
亚加华峡谷	乘赏枫火车游览位于苏必利湖畔东岸的亚加华峡谷是一个极佳的选择。这段长达180公里的铁路线穿梭在高架桥与山水之间，绚丽多彩的枫叶与湖光山水融为一体，让人感觉仿佛置身于画中，而且还能登临谷顶，远眺整个峡谷，进入这充满浓浓秋意、浪漫迷人的童话世界

续表

名称	介绍
“枫叶大道”	加东“枫叶大道”，连接多伦多、蒙特利尔、渥太华、魁北克的40号、417号和407号公路。这3条公路经过圣劳伦斯河、安大略山及湖，总长800公里。沿途穿越峡谷、河流、山峦和湖泊，红枫到处都是，景致非凡。每到10月整个区域都被枫叶染成一片绚丽的景象，一路上，湖光山色与枫林交相辉映，仿佛五彩缤纷的风景画
阿冈昆省立公园	著名的阿冈昆省立公园也是观赏枫叶的好地方，公园内有超过1000个大小的湖泊、100种鸟类和1000种植物及黑熊、麋鹿、海狸、野兔和野狼等野生动物。公园内欣赏枫叶的最佳地点位于旅客服务中心（Visitor Center）。游客可以租一条独木舟，在湖泊河流间荡桨，欣赏五彩斑斓的枫叶景象
京士顿千岛湖	千岛群岛是东安大略最受欢迎的景点之一，也是圣罗伦斯河最美的一段。乘游船欣赏京士顿千岛湖的迷人秋色，最惬意不过了。游千岛群岛的行程约1～3小时，整个水域就像是个美丽的世外桃源，绚烂的枫叶漫天飞舞，俯首皆是旖旎的风光
Muskoka地区	Muskoka是著名的蜜月胜地，其中Muskoka湖又称为蜜月湖，在秋季更是观赏枫叶的绝佳地区和户外活动的不二选择。色彩斑斓的枫树在蓝天白云的映衬下，倒映在碧波荡漾的湖水中分外夺目。这一带有多条游览线路可供选择，其中最吸引游客的是分别位于Huntsville的狮子台（Lion's Lookout）、Dorset的了望塔（Lookout Tower）和ParrySound的山火瞭望台（Firetower），届时可以在此登高一望，将满山红叶尽收眼底
圣安妮大峡谷	距离魁北克市东边约40公里，秋季赏枫，圣安妮大峡谷层林尽染的枫叶一定会让你叹为观止。美丽的枫叶，将谷底、山腰和山顶完全覆盖，层层美景令人炫目，也被人们誉为魁北克的“枫”景之最，诠释着秋的无限风情。圣安妮大峡谷是由融化的冰河和退缩的香普兰海所造成的峡谷地形，峡谷内不仅有多处瀑布穿插其间，更是树木茂密，处处充满乐趣，特殊的地理位置使得来此度假的游客络绎不绝

续表

名称	介绍
魁北克市	魁北克市是北美唯一拥有城墙的城市，从城内圣路易门向外延伸的一条大道上，两旁成排都是枫树，是魁北克的香榭丽舍大道。深秋时节，道路两旁枫叶红得醉人，与古意盎然的城市景观交织重叠，是一个风靡全球的赏枫之地。各大公园也都会在秋枫正浓时举办枫叶节，邀人们共度这一年中最灿烂的时光
蒙特利尔	有着“小巴黎”之称的蒙特利尔，秋季时枫叶漫天飞舞，多处公园都能够让游客感受这个城市的秋“枫”情。建立于1870年的皇家山公园，占地101公顷，是蒙特利尔最美的赏枫胜地，公园内两座瞭望台可一览全市的绚丽美景
温哥华	每到秋季，温哥华整个城市都能看到枫红，在十月的骄阳和风霜中由黄转红。无论你走在街头、公园，还是走进布满自然美景的海岸山脉区，或沿公路驱车前进，举目尽是枫红景致，美得叫人着迷。其中伊丽莎白女皇公园和斯坦利公园是赏枫最佳去处

TIPS 在加拿大赏枫，需要你根据所处的城市位置、当地的气温，再结合当地政府的枫叶报告，选择最好的赏枫出行时间。另外，在城市以外的景点去欣赏枫叶的话，一定要自带水和干粮，且随身携带垃圾袋，在湖光山色间，一般是不会随处有垃圾桶的，千万不要让垃圾破坏了这美如画的风景。

Chapter ONE 加拿大中部区

多伦多

多伦多最优出行方案速查

机场到市区

多伦多皮尔逊国际机场（Toronto Pearson International Airport）位于多伦多西部，是加拿大最繁忙的机场。我国北京、上海、广州、香港等地都有直飞多伦多的国际航班。

皮尔逊国际机场信息	
地址	6301 Silver Dart Dr.,Mississauga
电话	416-2477678
网址/二维码	www.torontopearson.com
备注	国际线和国内的长线

机场至市区交通			
交通方式	介绍	票价	省钱攻略
公交车	TTC 192路公交车，每日运行时间是5:30至次日2:00，连接皮尔逊机场的两个航站楼和地铁Bloor-Danforth线的Kipling站，全程20～25分钟，每日运行时间是5:30至次日2:00，在机场B1楼层（Ground Level）乘坐，出去后在R站牌等待； GO巴士连接皮尔逊机场的1号航站楼和地铁Downsview-Finch线的Yorkdale站、York Miill站，全程35～45分钟。运行时间是周一至周六6:00至次日1:00	TTC 192路公交车单程票价3.25加元；GO巴士单程票价8.25加元	购买代币票Token，或是购买一日通行票、周日家庭通票及集体通行票。车票都可以在地铁站的售票亭买到，或是在一些授权的便利店买到
机场快线	机场快线从机场直达市中心，在市区各大饭店都会停靠，只需在搭乘前告知司机机场快线下车地点，或出示乘车券即可。每30分钟发一班车，车程约为30分钟至1小时。运营时间机场到市中心每日6:00至次日00:00	单程27.95加元，往返42加元	在网上提前订票可以享受5%优惠
出租车	出租车停靠站就在两个航站楼大厅外，机场到市区约30分钟	到市中心根据距离50～70加元	2人以上可以考虑打车

出行使用公共交通通票

多伦多公共交通通票

多伦多公共交通通票有日票、周票和月票三种形式，可以在地铁站售票处购买。日票（Day Pass）12加元；周票（Weekly Pass）42.25加元；月票（Monthly Pass）141.5加元。其中，日票（Day Pass）有两种使用方式。

Adult

这种票供一位成人在一周内的任意一天使用，时间是周一至周五9:30至次日5:30，周末始发至次日5:30。

Group/Family

这种票可用于周六、周日和法定假日，一张 Day Pass 可供1位成人带领5位19岁以下的儿童使用，或者2位成人带领4位19岁以下的儿童使用。也就是说，一张票最多可供2位成人使用，加上儿童后的最多人数不能超过6人。同样，购票后，可使用该票至次日5:30。

多伦多的每个入站口，都有一个人工通道。出示一张 Day Pass 后，多人可以进入地铁站。

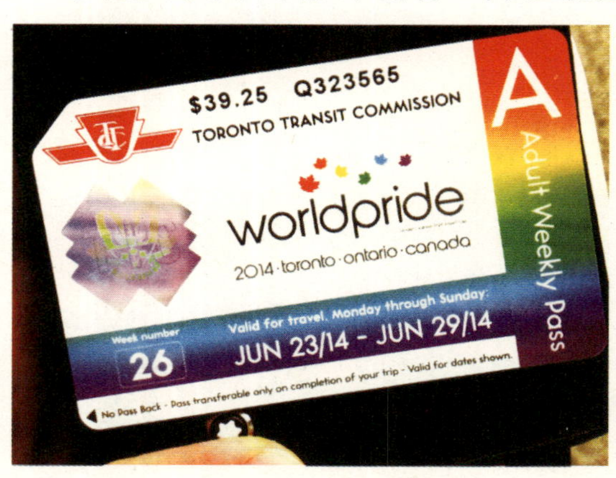

另外，代币票Token票价2.9加元，最少3枚一起出售，在地铁站内的自动售票机（3枚、5枚、10枚）或检票口（5枚、10枚）购买。

TIPS 关于多伦多公共交通票的更多信息可以在多伦多公共交通官网上查询，官网详情见P55的优惠高效的公共交通。

多伦多玩点速览+线路推荐

玩点速览

多伦多新市政厅

多伦多新市政厅（New City Hall）有着超过50年的历史，时至今日仍焕发着时尚气息和现代感。新市政厅是多伦多的标志性建筑，整体由三部分组成，包括东西两座弧形的大楼，分别为27层和20层，中间是议会大楼，从天空俯瞰，整座市政厅就像一只眼睛，因此，人们称它为“天眼”。市政厅免费对外开放，每天有许多当地居民和世界各地游客到这里参观游览。

旅游资讯

- 100 Queen St.West,Toronto
- 416-3922489
- 乘坐地铁黄线至Queen站，步行可到
- 416-3922489
- www1.toronto.ca

TIPS 新市政厅也是电影中的常客，电影《生化危机》中浣熊市市政厅的取景地正是这里。此外，多伦多新市政厅前方是纳森菲利浦斯广场（Nathan Philips Square），广场内有溜冰场、雕刻等，是人们休闲游玩的好地方。

多伦多旧市政厅

多伦多旧市政厅（Old City Hall）坐落在新市政厅旁，是19世纪末理查森罗马风格的代表，也是多伦多的第三代市政厅，大楼竣工时是北美最大的市政建筑。旧市政厅在1984年被加拿大政府列为国家古迹，现在作为法院使用。

旅游资讯

- 60 Queen St.West,Toronto
- 416-3380338
- 乘坐地铁黄线至Queen站，步行可到
- 8:30～18:00
- www1.toronto.ca

加拿大国家电视塔

加拿大国家电视塔（The CN Tower）位于安大略湖畔，塔高553.33米，现为世界上第五高的自立式建筑物，是多伦多的地标性建筑。塔内拥有将近1700多级的金属阶梯，塔高约等于100多层楼的高度，乘坐全透明观光电梯抵达346米观景台，仅需不到1分钟的时间。站在观景台玻璃地板上往下看，一望到底十分刺激，这也正是它最吸引人的地方。

旅游资讯

- 301 Front St. West, Toronto
- 乘坐地铁黄线至Union Station，沿SkyWalk廊式步行道步行10分钟
- 9:00～22:30，圣诞节闭馆
- 登观景台成人35加元，65岁以上老人30加元，4～12岁儿童25加元；加天空之盖增加12加元
- tickets.cntower.ca

TIPS 站在电视塔的户外天空廊道（SkyTerrace），可以将多伦多市景和安大略湖尽收眼底。塔里面还有世界之巅（Height of Excellence）影院、运动影院（motion theatre ride）等其他项目。电视塔对面的回旋公园（Roundhouse Park）也很受欢迎，主要是古董火车展览很吸引人，铁轨上停放着不同颜色的各时期的火车头，保存完好，色泽鲜亮，很多游客都会攀上车头挥臂拍照，从照片上来看仿佛穿越到了加拿大工业发展时期。

唐人街

唐人街（Chinatown）的正中心处于多伦多两条大街道交汇处，交通便利，街道两侧分布着数不清的餐厅、超市、珠宝等店铺。在多伦多旅游一定不能错过体验唐人街风情的机会，在这里既能感受到身处家乡的感觉，还能品尝到具有多伦多风味的中国美食，感受华人生活习惯的变迁。每年春节是唐人街最热闹的时候，特色的舞龙游行穿梭在街道上，热闹非凡。

旅游资讯

- Chinatown,Toronto
- 乘坐地铁黄线至St Patrick站，步行可到
- toronto-chinatown.info

TIPS 虽置身国外的唐人街，但是在这里招牌大部分是中文，到处都是华人的面孔，会让出门在外的你有种回家的感觉。

安大略湖

安大略湖（Lake Ondario）是世界上第十四大湖，也是北美五大淡水湖之一。多伦多是安大略湖岸边主要的港口城市，沿湖地带视野开阔、景致迷人，湖边修建有步行道与众多文娱设施供人们游玩，还可在此乘坐游船游览，在港口前沿中心（Harbourfront Centre）观看各种有趣的展览和表演，或是到跳蚤工艺品市场淘一些小玩意。

旅游资讯

- Lake Ontario,Downtown,Toronto
- 乘坐地铁黄线至Union站，换乘509或510号有轨电车至York街与Queens Quay交界路口，步行至湖畔
- 全天开放

多伦多大学

多伦多大学（University of Toronto）是世界闻名的大学，吸引着加拿大及世界各地学子前往学习深造。多伦多大学的圣乔治校区（St. George Campus）是校本部，整个校园气氛和谐、雅静、让人心旷神怡。古老的维多利亚建筑和现代大楼融合在一起，交相辉映。校园内林荫夹道，花坛遍地，随处可见的雕塑以及草坪上讨论问题的学生们，四处都弥漫着浓厚的文化气息。值得一提的是，大学内首屈一指的图书馆系统，藏书量约1900万册，分布在675座分馆和资源中心。其中规模最大的罗伯茨图书馆，也是加拿大最大的图书馆，藏书近千万册。

旅游资讯

- 27 King's College Cir.,Toronto
- 416-9782011
- 乘坐94路公交车至Hoskin Ave at Tower Rd (Wycliffe College)站下可到
- 全天开放
- www.utoronto.ca

高地公园

高地公园（High Park）占地面积达141万平方米，是多伦多市的绿色氧吧。公园内自然生态保存完好，拥有众多稀有植物和野生动物，开设有动物园、游乐场、运动场地、餐厅等。春天，这里是赏樱的好去处；夏天，这里有可以垂钓的美丽湖泊；秋天，这里又被枫叶染上一抹艳丽的红色；冬天，这里是可供人滑冰的室外天堂。这优美自然的环境使其成为电影《与我同眠》的外景拍摄地。

旅游资讯

- 1873 Bloor St.W., Toronto
- 416-3380338
- 乘坐地铁绿线至High Park即到
- 全天开放
- www.highpark.org

安大略省议会大厦

安大略省议会大厦（The Ontario Parliament）位于多伦多市中心的皇后公园内，整个建筑古老庄严、雄伟壮观，茶色的外表同周围的绿色景观有机地融为一体。安大略省议会大厦现在是政府的办公场所，可以参观内部设施、观看真实的开会场面。

旅游资讯

- 1 Queen's Park,Toronto
- 416-3257500
- 乘坐地铁黄线至Queen's Park站，步行可到
- 周一至周五8:00～18:00

古酿酒厂区

古酿酒厂区（The Distillery Historic District）是加拿大国家遗产保护区，也是北美保存最好的一处维多利亚时代的工业区。这里昔日的酒厂在19世纪中期，不仅是大英帝国最大的酒厂，也是当时全世界最大的酿酒厂。现在里面仍保留着当时的酿酒设备，区域里面酒吧、餐厅、画廊、手工艺商店、面包店等一应俱全，在酒厂里面还可以看到各种作坊。

旅游资讯

- 9 Trinity Street,Suite 200,Toronto
- 416-3641177
- 乘坐172路公交车至Mill St at Trinity St站或Mill St at Cherry St站可到
- 周一至周三10:00～19:00，周四至周六10:00～20:00，周日11:00～18:00
- www.thedistillerydistrict.com

TIPS 在古酿酒厂区非常适合拍照，甚至很多人会选择在这里拍摄婚纱照。另外，这里还是好莱坞大片《芝加哥》（*Chicago*）和《X 战警》（*X－Men*）等影片的取景地；厂区里的画廊作坊最受人们喜爱，画廊内摆放的成品可供游客观赏，让人忍不住驻足许久，高兴的话可以买上一两个作为纪念。

卡萨罗马古堡

卡萨罗马古堡（Casa Loma）堪称北美唯一的地标性古堡，它曾是加拿大20世纪初首屈一指的富豪亨利·米尔·柏拉特爵士（Sir Henry Mill Pellatt）的私宅，现在则是加拿大著名的建筑和旅游景点。游客们可以穿行于廊道之间，游览20世纪初期的老式汽车及马厩，可以在古塔中欣赏壮观的城市景色，若是在5～10月，还可以欣赏宏伟的花园美景。

旅游资讯

- 1 Austin Terrace,Toronto
- 416-9231171
- 乘坐地铁黄线至Dupont站下车，步行可到
- 每天9:30～17:00，最后入场时间是16:00；圣诞节前夕13:00关闭，圣诞节休息
- 成年人25加元，14～17岁青少年20加元，4～13岁儿童15加元
- www.casaloma.org

TIPS 由于建筑独具特色，卡萨罗马古堡成为许多电影的取景地。在地下酒窖旁的走廊里，还可看到许多曾经在此取景的电影海报。

约克堡

约克堡（Fort York）建于1793年，曾是非常重要的军事要塞，目前这里是加拿大现存最完整的美英战争原始纪念场所。在这里可以看到战争期间残留下来的武器储藏库、大炮以及石墙，这里还有还原度极高的毛瑟枪射击。另外，约克堡会定期举办很多社会活动，比如烹饪班、露天音乐会以及生日派对策划等。

旅游资讯

- 250 Fort York Blvd,Toronto
- 416-392-6907
- 乘坐511路公交在Fleet St at Fort York Blvd West Side下车即可
- 1月2日至5月23日工作日10:00～16:00，周末10:00～17:00 ；5月24日(维多利亚日)至9月5日10:00～17:00；9月6日至次年1月1日工作日10:00～16:00，周末10:00～17:00；耶稣受难日、圣诞节(12月25日)、节礼日(12月26日)和元旦(1月1日)关闭
- $ 成人9加元，13～18岁青少年和65岁以上老人5.5加元，6～12岁儿童4.25加元，5岁以下儿童免费
- www.fortyork.ca

多伦多动物园

多伦多动物园（Toronto Zoo）是加拿大最大的动物园，园内分为室内和室外多个区域，包括熊猫馆、企鹅园、温室雨林馆、非洲园区和美洲野外园等。动物园里的动物有很多是北美特有物种，也有很多来自世界各地的动物，可谓一站式动物园游，值得仔细观看。如果非常喜欢小动物，你还可以在饲养员的陪同下和小动物交流。

旅游资讯

- 2000 Meadowvale Rd.,Toronto
- 416-3925929
- 乘坐地铁蓝线至Kennedy站，换乘86A路公交车至动物园即可
- 夏天9:00～19:00；春天和秋天9:00～18:00；冬天9:30～16:30，开放时间可能会有所调整，具体园区开放时间可查询官网
- $ 冬季（11月1日至次年4月30日）成人23加元，65岁及以上老人18加元，3～12岁儿童14加元，2岁及以下儿童免费；夏季（5月1日至10月31日）成人28加元，65岁及以上老人23加元，3～12岁儿童18加元，2岁及以下儿童免费
- www.torontozoo.com

TIPS 大猩猩雨林馆是其中比较有特色的展馆，它是北美最大的室内猩猩展馆。另外，孩子们的天堂查莱氏探索乐园（Zellers Discovery Zone）里拥有体验互动乐趣的儿童动物园（Kids Zoo）、水上乐园（Splash Island）和观看动物表演的水榭剧场（Waterside Theatre），带着孩子的游客不容错过哦！

线路推荐

DAY 1

新市政厅➡旧市政厅➡唐人街➡多伦多大学

新市政厅 / 参观拍照，感受建筑特有的时尚气息

步行3分钟

旧市政厅 / 学习参观政府办公地

步行18分钟

唐人街 / 品尝特色小吃，漫步于唐人街

步行20分钟

多伦多大学 / 参观校区景观，感受浓浓的文化气息

DAY2

古酿酒厂区➡加拿大国家电视塔

古酿酒厂区 / 参观古老的作坊，拍几张艺术的照片

乘坐504路公交车，约21分钟可到

加拿大国家电视塔 / 俯瞰多伦多全市和安大略湖美景

DAY3

多伦多动物园➡卡萨罗马城堡

伦多动物园 / 观赏各种动物，和喜欢的小动物交流

乘坐385路公交车到Sheppard Ave West at Yonge St West Side站下，换乘320路公交车可到

卡萨罗马古堡 / 漫步于廊道之间，观赏老式汽车和马厩

多伦多高性价比住宿地推荐

在多伦多选择住宿地，除了从住宿价格方面来考虑，还要考虑交通及周边环境等因素。综合多方面因素，推荐住在多伦多大学、唐人街和联合车站这些区域。

推荐原因	
地点	**原因**
多伦多大学	位于市中心，交通便利，购物、就餐都很方便，且靠近许多景点
唐人街	附近都是华人餐馆、超市，吃、住、行都很便利
联合车站	车站附近，乘车便利，且周围配套设施齐全

住宿地推荐

高性价比酒店推荐				
名称	**地址/电话**	**网址**	**参考价格**	**亮点**
维多利亚酒店（Hotel Victoria）	56 Yonge St., Toronto/ 416-3631666	www.hotelvictoriatoronto.com	标准房（大床房）152加元；标准房（双床房）157加元	酒店交通便利，位于中央火车站旁，服务设施较好

续表

名称	地址/电话	网址	参考价格	亮点
Comfort Hotel 市中心酒店	15 Charles St. E., Toronto/ 416-9241222	www.choicehotels.com	标准房108加元；标准三人房128加元	酒店靠近地铁站、Yorkville、Eaton Center、Pantages剧院和餐厅，距离多伦多国家电视塔、Sky Dome体育场和会议中心也较近
约克维尔豪生酒店(Howard Johnson Hotel Yorkville)	89 Avenue Rd.,Toronto/ 416-9641220	www.wyndhamhotels.com	标准房94加元；家庭房（两张双人床）143加元	酒店位置很好找，在市中心，距离商业街和大剧院都较近，环境较好

高性价比公寓推荐				
名称	地址/电话	网址	参考价格	亮点
NGE住宿市中心套房公寓-湖景（NGE Stays - Downtown Suite - Lake View）	15 Iceboat Terr, Toronto/855-218-8410	www.downtownsuitelakeview.com	双人房154加元，三人房175加元	厨房配有洗碗机和烤箱，提供一台平面电视。还设有一个按摩浴缸或淋浴的私人浴室
多伦多6号一室公寓酒店（Studio 6 Downtown Toronto）	165 Grange Ave.,Toronto/416-6037700	www.staystudio6.com	单人公寓106加元；标准房113加元；大床一室公寓114加元	公寓提供带小厨房的客房，可以用冰箱、微波炉和烤炉准备饭菜，并配备空调以及带有线频道的平面电视，且靠近加拿大国家电视塔

高性价比宾馆/旅舍推荐				
名称	**地址/电话**	**网址**	**参考价格**	**亮点**
恺撒宾馆（Kaisar Guest House）	372A College St.,Toronto/416-8989282	toronto4stay.com	单人间89加元；双人间（大床）101加元；双人间（共用卫浴）85加元	宾馆交通便利，整体服务较好，距离肯辛顿市场（Kensington Market）仅有5分钟的步行路程
多伦多唐人街旅行者之家旅舍（Chinatown Travelers Home Toronto）	31 Grange Ave.,Toronto/416-703-9988	www.chinatowntravellershome.com	单人间带独立卫浴51加元、共用卫浴39加元；双人间带独立卫浴57加元、共用卫浴42加元；三人间带独立卫浴63加元	距离多伦多的唐人街不到5分钟的步行路程
肯辛顿学院背包客青年旅舍(Kensington College Backpackers)	280 Augusta Ave.,Toronto/416-9294777	www.collegebackpackers.ca	单人床位29加元；标准房双人间70加元	旅舍交通便利，配有带阳台的房间和有电视设施的私人房间，以及混合型宿舍和女性宿舍。距离多伦多大学（University of Toronto）仅有5分钟步行路程

多伦多百里挑一的经济餐

寻找经济餐的好去处

多伦多这个移民城市，囊括了来自五湖四海的美食，算得上是加拿大的美食之城了。在这里，你可以吃到美味的中餐、精致优雅的法式正餐、正宗的加拿大当地特色菜、美味的马来西亚菜等，而美味的汉堡和蛋糕更是随处可见。

康城中国餐馆

康城中国餐馆（Hong Shing Chinese Restaurant）开业至今已有将近20年的时间，这里的大厨致力于呵护永远改不了的“中国胃”，因此深受中国移民及游客的欢迎，当然，也深受当地人热捧。这里有传统的香辣油炸虾、辣椒鸡、蜂蜜大蒜排骨等美味菜肴，还提供各式各样的川菜、粤菜和烧烤类食品，可以满足你的所有味蕾需求。它位于多伦多市中心，距离多伦多新、旧市政厅很近。

旅游资讯

- 195 Dundas St.W.,Toronto
- 416-9773338
- www.hongshingto.com

密涅瓦的猫头鹰

密涅瓦的猫头鹰（The Owl of Minerva）在韩国城里以口味正宗、价格公道著称，是游客闲逛此街区时的用餐最佳选择地。尤其推荐这里的杂煮和烤肉，都非常值得尝试。这家餐厅周六日的营业时间到21:00。

旅游资讯

- 700 Bloor St.W.,Toronto
- 416-5383030

大马餐厅

大马餐厅（Restoran Malaysia）位于多伦多烈治文区，是一家非常有名的马来西亚餐厅。虽然路途较远，但其招牌菜马来西亚咖喱蟹经常断货，可见其美味程度。感兴趣的一定要找机会去品尝，去之前最好打电话确认一下。

旅游资讯

- 815 Major Mackenzie Dr. E.,Richmond Hill
- 905-5081432
- www.restoranmalaysia.com

The Captain's Boil

The Captain's Boil是多伦多第一家主打Cajun海鲜的餐厅，他家的蟹肉是出了名的饱满新鲜，加了香肠、玉米且红艳诱人的煮海鲜一定会给你带来满满的幸福。而且圣诞节和Boxing Day都会营业。

旅游资讯

- 5313 Yonge St.,Toronto
- 647-3487808
- www.thecaptainsboil.com

The Keg Steakhouse(York Street 店)

The Keg Steakhouse在多伦多有多家连锁店，他家的Bacon-Wrapped Fillet、Bacon包裹着牛扒，口味独特，在外面很少有地方可以吃到。

旅游资讯

- 165 York St.,Toronto
- 416-7031773
- www.kegsteakhouse.com

独木舟

独木舟（Canoe）位于市中心TD大厦顶层(54楼)，是多伦多一家高档的西餐厅，它家的海鲜非常新鲜。此外，餐厅拥有独特的地理位置，食客能一边用餐一边从高处欣赏多伦多美丽的景色。

旅游资讯

- TD Centre, 66 Wellington St.W.,Toronto
- 416-3640054
- www.canoerestaurant.com

多伦多本地人爱去的购物地

本地人爱去的购物街

PATH地下城

PATH地下城入口遍布多伦多市中心金融区的街道各处，入口处均标有彩色的“PATH”标志。长达27公里的通道连接伊顿购物中心（Eaton Centre）和联合火车站（Union Station），内有1200多家商店，还有餐厅和美容院等众多设施，并串联起加拿大国家电视塔、罗渣士中心等知名景点。

旅游资讯

PATH.,Toronto

乘坐地铁黄线至Queen/King/Union站即可

央街

央街（Yonge Street）始于安大略湖，起始端距离多伦多威斯汀港口城堡（The Westin Harbour Castle）非常近，整个街道向北延伸几十公里，堪称世界上最长的街道，将市区分为东西两部分。街道两边汇集了众多景点、商场、餐厅、咖啡馆和特色小店，最著名的就是伊顿购物中心。在这个街区购物，逛一天也不会厌倦。

旅游资讯

Yonge Street,Toronto

乘坐22A、98、99、98E公交在Yonge站或Orchard Heights站下车即可

皇后街

皇后街（Queen Street）是多伦多市内一条主要的东西向大街，央街以西的皇后西街以商业为主，在这里你可以找到最时尚的服饰以及最前卫的餐厅、画廊、古董店、酒吧等各色小店，沿街的高楼大厦也非常适合拍照。

旅游资讯

Queen Street,Toronto

乘坐301、501路公交车，在皇后街任意站点下车即可

本地人爱去的市场

圣劳伦斯市场

圣劳伦斯市场（St.Lawrence Market）有着200多年的历史，现在依然热闹非凡，曾被美国国家地理杂志评选为世界级的食品市场。它坐落在红砖大仓库里面，购物氛围非常好，每个摊位的摊主都将自己摊位的物品摆放得井井有条，让人愿意多停留片刻。在这里你可以买到各类新鲜食物，包括新鲜蔬果、海鲜、家庭自制果酱、豌豆粉、面包等，都适合在旅途中购入作为便餐。要注意的是，北集市仅在周六开放，南集市营业时间较为固定。

旅游资讯

- 93 Front St.E.,Toronto
- 416-3927120
- www.stlawrencemarket.com

肯森顿市场

肯森顿市场（Kensington Market and Spadina Avenue）又被誉为“犹太市场”，是一个多民族文化元素的大市场。肯森顿市场在20世纪20年代是犹太人居住的区域，现在则变成了一处融汇多民族文化的街区。你可以在这多如繁星的怀旧市场及二手店铺间淘宝。这里还有各具特色的餐馆和咖啡馆，一定让你流连忘返。

旅游资讯

- Kensington Ave.,Toronto
- www.kensington-market.ca

多伦多不花钱的娱乐活动

多伦多是一个有着众多丰富多彩娱乐活动的现代化城市，而很多娱乐活动你仅仅在户外就可免费享受到。如果有幸在多伦多过节，这些节日活动千万别错过!

不花钱的娱乐活动

枕头大战

枕头大战（Pillow Fight at City Hall）是为了释放生活、就业、学业等压力而设的发泄节日，来到多伦多，如果你恰巧赶上枕头大战，一定不要错过。在这天，你可以和当地人们一起嬉戏、打闹，放松身心，感受最淳朴的当地风情。到时，你只需准备好枕头，到此来一场枕头大战即可。

旅游资讯

100 Queen Street West,Toronto

4月的第一个周六下午

多伦多加勒比狂欢节

加勒比狂欢节（Caribbean Carnival Toronto）是多伦多一年一度最盛大的狂欢节日，也是全球最负盛名的十大狂欢节之一。届时，湖滨大道（Lakeshore Boulevard）上流光溢彩，身着盛装的狂欢者，随着卡利普索音乐、Soca音乐、钢鼓音乐以及加勒比人的歌声翩翩起舞，热闹非凡。华丽的服装、狂野的氛围，以及重金属音乐的冲击，浓浓地渲染着这座北方城市。

旅游资讯

每年的7～8月中旬举办

加拿大国庆日

加拿大国庆日（Canada Day）是大多伦多地区最盛大的国庆庆祝会。节日当天，各大公园、广场会举办各类娱乐活动，到处都洋溢着欢乐的气氛，而且还能欣赏到璀璨的烟花表演。

旅游资讯

7月1日

多伦多→尼亚加拉

来回交通

乘火车

从多伦多的联合车站搭乘VIA铁道Via Rail到尼亚加拉瀑布站约1小时50分钟，车票22加元。出了车站转乘当地公交车可直达尼亚加拉瀑布或尼亚加拉小镇。

乘长途巴士

从多伦多巴士中转站到瀑布北边的尼亚加拉瀑布巴士中转站（Niagara Falls Bus Terminal）之间，约2小时车程，每天有多个班次。

自驾

从多伦多自驾出发到尼亚加拉瀑布全程高速，约1.5～2小时。

尼亚加拉亮点速览

景 尼亚加拉瀑布

尼亚加拉瀑布（Niagara Falls）位于加拿大安大略省和美国纽约州的交界处，是世界七大奇景之一，与伊瓜苏瀑布、维多利亚瀑布并称为世界三大跨国瀑布。尼亚加拉瀑布由马蹄瀑布（Horseshoe Falls）、美利坚瀑布（American Falls）和新娘面纱瀑布（Bridal Veil Falls）三部分组成。位于加拿大境内的瀑布因形似马蹄而被称为马蹄瀑布，它与美国境内的美利坚瀑布由山羊岛隔开，而梦幻的新娘面纱瀑布位于美国境内面向加拿大，由月亮岛隔开其他两大瀑布。加拿大一侧修建了长长的观瀑步行道，可从正面清晰的观看到3个瀑布的全貌，并能欣赏到马蹄瀑布落水处的壮观景象。

旅游资讯

- Niagara Falls,ON
- www.niagaraparks.com

景 岩石瞭望台

岩石瞭望台（Table Rock）位于加拿大一侧的马蹄瀑布正对面，因整个台子像圆桌一样突出来而得名。游客可以在这里欣赏水雾弥漫的瀑布景观，嗅到格外清新的空气。还能够一边欣赏瀑布，一边品味美食。

旅游资讯

- 6650 Niagara Pkwy,Niagara Falls
- 905-3583268
- www.niagaraparks.com

TIPS 岩石瞭望台的旁边就是综合服务中心，中心里有礼品店等综合设施，游客可以在这里购买一些纪念品。另外，如果是情侣度蜜月期间，可以向尼亚加拉旅游局登记领取“蜜月证明书”，这个证明书由尼亚加拉市长、尼亚加拉大瀑布旅游局局长亲笔签名，很有纪念意义。

景 摩天塔

摩天塔（Skylon Tower）高达236米，分为室内和室外两处观景台，作为尼亚加拉瀑布城中最高的建筑物，这里是从高处俯瞰大瀑布的绝佳地点。塔身外的观光载客电梯仅需52秒即可到达塔顶，顶层还设有旋转餐厅，视野极佳，并供应精致的西餐。除了瞭望台外，塔里还设有游乐区、纪念品商店和4D电影院等。

旅游资讯

- 5200 Robinson St.,Niagara Falls
- 905-3562651
- 夏季8:00～24:00，冬季9:00～22:00
- 成人15.02加元，3～12岁儿童9.22加元，3岁以下儿童免费
- www.skylon.com

景 克利夫顿山

克利夫顿山（Clifton Hill）紧邻尼亚加拉瀑布和尼亚加拉河，是瀑布城最主要的商业街区和景点。街道上十分热闹，汇聚了礼品店、蜡像馆、鬼屋、录像带店、餐厅、酒店以及主题旅游景点等，非常适合喜爱娱乐与夜生活丰富的青年人。

旅游资讯

- 4960 Clifton Hill,Niagara Falls
- 905-3583676
- www.cliftonhill.com

TIPS 克利夫顿山商业街上有一处红色房顶朝下、黄色墙体在上的倒置建筑物，十分显眼，这就是当地有名的景点颠倒屋。进入建筑内部，一切装饰物都是倒置的，一定会让你看得眼花缭乱，快去和它们合张影吧！

景 尼亚加拉湖滨小镇

尼亚加拉湖滨小镇（Niagara-on-the-lake）是一个被果园环绕的优雅小镇，曾经是北美洲原住民的聚居地，也被公认为是北美保存最好的19世纪小镇。这里至今仍然保留着浓厚的开拓时代遗风，十分适合徒步观光。小镇最热闹的街是皇后街(Queen St.)，街上的时钟台是中心点，北边即为安大略湖，街道两旁有许多19世纪保留下来的具有历史意义的英式建筑物以及各式各样古意盎然的精致小店，十分值得游览。

旅游资讯

- Niagara-on-the-Lake,ON
- www.niagaraonthelake.com

景 彩虹桥

彩虹桥（Rainbow Bridge）是一座横跨尼亚加拉河、连接加拿大与美国两国的拱形大桥，中间是两国的分界线，两国在桥旁各自设立了海关，桥上也根据河内边界而划分，一端属于加拿大，一端属美国。游客可以在桥上吹着清凉的风发呆，或是摆出各种造型拍照留念，幸运的话还可以在桥上看到横跨在瀑布上的彩虹。

旅游资讯

- 5650 Falls Ave.,Niagara Falls
- 905-354484
- www.niagarafallsbridges.com

景 乘“雾中少女”号参观

乘坐“雾中少女”（Maid of the Mist）号参观瀑布是在尼亚加拉瀑布游览的必玩项目，可以在靠近瀑布的地方感受被水淋湿的感觉，渡船大约15分钟一班，先到美国一侧的瀑布，再开往加拿大一侧的瀑布。游船只是略微靠近瀑布，便会被落下的水浪冲击得大幅摆动，扑面而来的水珠，热情地钻进没被雨衣挡住的任何地方，千军万马般的轰鸣声，以及周围千万层水汽景观，定会让你毕生难忘。

旅游资讯

- Niagara Falls State Park,1 Prospect St.,Niagara Falls
- 716-2848897
- 成人18.25加元，6～12岁儿童10.65加元，5岁及以下儿童免费（需成人陪同）
- www.maidofthemist.com

景 鸟类王国

鸟类王国（Bird Kingdom）是尼亚加拉地区最大的任鸟儿自由飞行的室内鸟舍，这里拥有约400种鸟类，其中80多种鸟类是濒危种类。所有的这些鸟儿和热带植物等填满了鸟类王国的室内空间，游客可以在营造出的热带环境中体验热带风情，并与许多神奇鸟类、爬行动物以及其他物种互动。

旅游资讯

- 5651 River Rd.,Niagara Falls
- 905-3568888
- 9:30～17:00
- 成人16.95加元，60岁以上老人14.95加元，4～15岁儿童11.95加元，3岁及以下儿童免费
- www.birdkingdom.ca

尼亚加拉瀑布

渥太华

渥太华最优出行方案速查

机场到市区

渥太华麦克唐纳－卡蒂埃国际机场（Ottawa Macdonald-Cartier International Airport）是加拿大首都渥太华的国际机场，在加拿大属于第六繁忙的机场，从中国飞往渥太华的航班一般都是从多伦多、温哥华转机过来。

麦克唐纳－卡蒂埃国际机场信息	
地址	1000 Airport Parkway Private, Ottawa
电话	613-2482125
网址/二维码	yow.ca/en
备注	有超过20家航空公司的航线经过这里

机场至市区交通			
交通方式	介绍	票价	省钱攻略
公交车	渥太华市的OC Transpo巴士一律是红色的车身，从到港区候机楼外的1层路边发车，可以在1.5小时内转车；97路公交车从到港区外的路边发车。车票在地面运输服务台可买到，位于到港区1层中心的通道；机场外有50路公交车可以前往市区	OC Transpo巴士价格3.65加元	可购买车票，在当地商店有售，每次可购买6张（有些商店会分开销售），也可以购买Day Pass
机场巴士	机场大巴连接城区内的主要宾馆。大巴从到港区候机楼1层外的路边发车。这些巴士从早5:00至最后航班每隔30分钟运行一次，到市内约需20分钟	单程车票为9加元，往返车票为14加元	—
出租车	机场有便利的出租车服务，但价格较高，并需要支付小费，车程约20分钟	到市中心根据距离30～45加元	2人以上可以考虑打车

出行使用公共交通通票

渥太华公共交通通票

使用Day Pass通票乘车：票价为8.5加元，可一天内凭票据不限次数多次转乘。周六、日及法定假日时，还可以支付Day Pass同等价格购买Family Pass家庭通票，父母带着孩子一家人全天不限次数转乘（使用Family Pass的家庭中可包括最多6人，但只能有两名13岁以上的乘客）。

使用月票乘车：成人月票票价105.75加元，计划旅行时间较长的游客可以考虑。

使用优惠票乘车：旅行计划时间短、办月票不划算的游客还可以到办卡充值中心购买乘车优惠票，这样能省去每次乘车准备零钱的麻烦。每张小票价格1.65加元，成人每次乘车需付2张票，相当于3.3加元；6～12岁儿童付1张票。使用优惠票乘车也会拿到司机打印出的票据，1.5小时内凭票据可免费转乘。

TIPS 更多公共交通票的信息可以在渥太华交通局官网上查询，官网详情见第二章优惠高效的公共交通。

渥太华玩点速览+线路推荐

玩点速览

加拿大国会大厦

加拿大国会大厦（Parliament Buildings）是加拿大首都渥太华的地标性建筑，享有“世界上最精致的哥特式建筑”之称。独一无二的精致装饰、充满艺术气息的雕塑随处可见，让人赞不绝口。整座大厦分为中央大厅、东厅和西厅，最值得细细游览的是耸立在中央大厅中心部位的和平塔（Peace Tower）。和平塔内有一座由4.88米的四面钟以及53个铃铛组成的定期演奏的钟琴，每日13:00便会准时敲响，在此还可以俯瞰整个渥太华河美景。

旅游资讯

- Wellington St.,Ottawa
- 613-9924793
- 乘坐OC公交车1、7、12路等在Wellington、Metcalfe站下车即可
- 圣诞节（12月25日）、元旦（1月1日）和加拿大国庆日（7月1日）议会封闭，其余具体时间见官网咨询中心
- www.parl.gc.ca

TIPS 和平塔下的战争纪念馆里有本书记录着每个为国捐躯的战士名字，据说每天都会有专门的工作人员来把这本书翻动一页，以便让每个名字都能够被世人所看到。另外，国会大厦的夜景也非常美，有彻夜不灭的灯火、持续45分钟的光与声之秀。

总督府邸

总督府邸（Rideau Hall）是加拿大总督工作和居住的地方，这里承载着总督嘉奖加拿大优秀公民的荣誉，也是世界各地游客的旅游胜地。在这里可以参观公共大厅、庭园，欣赏伊丽莎白二世的画像，聆听音乐会，或是观看卫兵仪式等活动。

旅游资讯

- 1 Sussex Dr.,Ottawa
- 613-9938200
- 乘坐9路车在Sussex/Alexande站下车后沿Sussex Drive向东北步行约150米
- www.gg.ca

TIPS 具体开放时间：1月3日至4月29日，无预约不可参观，有预约10:00～16:00；4月30日至6月29日，无预约周末10:00～16:00，有预约周一至周五10:00～16:00；6月30日至9月5日，无需预约，每日10:00～16:30；9月6日至10月30日周末12:00～16:00，周一至周五10:00～16:00；10月31日至12月23日，无预约不可参观，有预约10:00～16:00。上述时间可能会有所变动，可查询官网进一步了解。

丽都运河

丽都运河（Rideau Canal）也称里多运河，连接渥太华和金斯顿，建造的初衷是为代替圣劳伦斯河，现在它广为人知的当属其享有的“世界最长的滑雪场”的美誉，著名的冬季狂欢节就在结冰的丽都运河上举行。冰面上，各色的滑冰服穿梭来去，形成五彩人流。春、夏、秋三季还可乘船游览观光，秀丽的风光为渥太华平添了几分秀色。

旅游资讯

- Rideau Canal,Ottawa
- 613-2835170
- 乘1、2、7、9或12路公交车到Wellington、O'Connor站下车步行即到
- www.parl.gc.ca

加拿大国家美术馆

加拿大国家美术馆（National Gallery of Canada）位于渥太华市中心，是加拿大三大博物馆之一。馆内收藏了大量的美术精品，在这里可以欣赏到梵·高、毕加索等大师的艺术真迹，还可以看到一些中国明清时期的珍品。除此之外，馆内还设有图书室，以便观光人士查阅有关艺术收藏品的资料，馆内还有专业人员指导解说。

旅游资讯

- 380 Sussex Dr.,Ottawa
- 613-9901985
- 乘坐9路公交车在Bruyere、Sussex站下车即可
- $ 成人12加元，老人和学生10加元，12～18岁青少年6加元，11岁以下儿童免费
- www.gallery.ca/en

加拿大战争博物馆

加拿大战争博物馆（Canadian War Museum）是加拿大最重要的军事博物馆，也是世界上三个最重要的战争艺术收藏场馆之一。博物馆内有13000件藏品，涵盖了从加拿大原住民使用的弓箭长矛到当今世界的尖端武器，这里还有从第一、二次世界大战至今各国军队所使用的各种战机、坦克、车辆、枪械、子弹、军服、急救医疗用具及后勤物资等，都非常具有历史价值。

旅游资讯

- 1 Vimy Pl.,Ottawa
- 800-5555621
- 乘坐8、95路公交车到Booth、VimyPlace站下车步行可到
- $ 成人15加元，学生11加元，3～12岁儿童9加元，家庭票（可5人使用，最多两名成人）36加元
- www.warmuseum.ca

加拿大文明博物馆

加拿大文明博物馆（Canadian Museum of Civilization）拥有的客流量非常惊人，在加拿大所有博物馆里名列前茅。馆内有全球最大的室内图腾展览、美轮美奂的原住民第一民族大礼堂和立体宽银幕（IMAX）电影院。收藏着囊括千年的北美人文历史，重现当地传统建筑物的迷人魅力。博物馆里还有两个小馆，即加拿大邮政博物馆和加拿大儿童博物馆，其中儿童博物馆内收藏着许多深受儿童关注的可爱物件。在博物馆的后方，还可以远眺加拿大国会大楼以及圣罗伦斯河，风景非常优美。

旅游资讯

- 100 Rue Laurier,Gatineau
- 819-7767000
- 乘坐8路公交车可到
- 成人15加元，学生11加元，3～12岁儿童9加元，家庭票（可5人使用，最多两名成人）36加元，每周四免费
- www.historymuseum.ca

TIPS 票价可分成单馆票、单电影票、一馆一电影、两馆、两馆一电影、两电影一馆等各种票面组合，购买加拿大战争博物馆和文明博物馆联票，会优惠很多，详见官网Admission Fees。

加拿大皇家造币厂

加拿大皇家造币厂（Royal CanadianMint）建于1908年，是加拿大专门生产市面流通硬币、手工艺收藏币、纪念币以及各种金币、奖章、奖牌的造币工厂，被公认为世界上最大和最多样化的造币厂家。在这里你可以看到刻有野生驼鹿、海狸、鸟类等野生动物的硬币，甚至还能看到刻有专门定制的孩子脚印或者结婚对戒图样的银币。如果喜欢，你可以购买枫叶金币作为此次旅行的纪念品。

旅游资讯

- 320 Sussex Dr.,Ottawa
- 613-9938990
- 乘9路公交车到Bruyere、Sussex站下车即可
- 成人周一至周五6加元，周末4.5加元；65岁以上老人周一至周五5加元，周末3.75加元；5～17岁儿童周一至周五3加元，周末2.25加元；4岁以下儿童免费；家庭票（2名成人+4名儿童）周一至周五15加元，周末11.25加元
- www.mint.ca

加蒂诺公园

加蒂诺公园（Gatineau Park）是一年四季都可前往游览的天然动物园，公园景色优美，拥有大量的动植物、湖泊等自然景观。园内的森林是许多东安大略鸟类和动物的天堂，在这里你可以观赏野生动物如白尾鹿、松鼠、豪猪、狐狸、浣熊等，还可以参加骑车、长途步行、野营、游泳、探密拉斯克洞、越野滑雪、穿雪地鞋在雪中行进和山坡滑雪等户外活动。

旅游资讯

- 33 Scott Road,Chelsea
- 819-8272020
- 可以租车前往
- www.ncc-ccn.gc.ca/places-to-visit/gatineau-park

线路推荐

DAY 1

加拿大国会大厦➡加拿大皇家造币厂➡丽都运河

加拿大国会大厦 / 俯瞰渥太华河美景，观看换岗仪式

步行约15分钟

加拿大皇家造币厂 / 了解铸币过程，购买喜爱的纪念币

打车前往，途经Colonel By Dr.,约7分钟

丽都运河 / 乘船游览运河，欣赏秀丽的两岸风光或在运河冰面上滑行

DAY 2

加拿大文明博物馆➡加拿大战争博物馆

加拿大文明博物馆 / 了解加拿大原住民艺术

步行约25分钟

加拿大战争博物馆 / 参观各种战争武器展品，了解其深厚的历史

渥太华高性价比住宿地推荐

渥太华作为加拿大首都，其住宿的地方多集中在以商业区为中心的地带，在这里你可以找到适合自己的任何一种类型的住宿地。在渥太华选择住宿地，首先要考虑交通因素，推荐住在加拿大战争博物馆、拜沃德市场附近。

推荐原因	
地点	原因
加拿大战争博物馆	位于市中心，交通便利，购物、就餐都很方便，且靠近许多景点
拜沃德市场	周围交通便利，是就餐、购物的好地方

住宿地推荐

高性价比酒店推荐				
名称	地址/电话	网址	参考价格	亮点
渥太华国会山丽笙酒店（Radisson Hotel Ottawa Parliament Hill）	402 Queen Street,Ottawa/613-2361133	www.radisson.com	经典大床房131加元；经典双床房136加元	位于渥太华市中心，交通便利，紧邻拜沃德市场及和加拿大皇家造币厂
渥太华喜来登酒店（Sheraton Ottawa Hotel）	150 Albert St, Ottawa/613-2381500	www.sheratonottawa.com	传统大床房129加元；传统双人间133加元	位于渥太华市中心，交通便利，酒店紧邻联邦广场及国家艺术中心
拜沃德蓝酒店（ByWard Blue Inn）	157 Clarence St.,Ottawa/613-2412695	www.bywardblueinn.ca/en	标准大床房122加元；双床房（带阳台）136加元；大床房（带阳台）139加元	酒店位于渥太华的核心区，设施服务较好，步行即可到达拜沃德市场，且靠近加拿大国家美术馆和国会山

高性价比公寓推荐				
名称	地址/电话	网址	参考价格	亮点
公寓及会议中心-渥太华西部（Residence & Conference Centre-Ottawa West）	1385 Woodroffe Ave., Nepean/613-7277698	ottawahotelalternative.com	两室房型公寓入住2人119加元，入住3人130加元，入住4人141加元	公寓位于亚岗昆学院（Algonquin College），周围有许多特色餐馆，且设有厨房等基本设施，另有BBQ配套设施
Extended Stay Canada - Ottawa	141 Cooper St., Ottawa/613-2367500	www.extendedstaycanada.ca	一室双床房（单人用）104加元，标准房（单人用）116加元	公寓位于渥太华的中心区，提供免费早餐，距离加拿大国家美术馆较近

高性价比宾馆/旅舍推荐				
名称	地址/电话	网址	参考价格	亮点
渥太华背包旅馆（Ottawa Backpackers Inn）	203 York St.,Ottawa/613-2413402	ottawahostel.com	8人间一张床位32加元；4人间一张床位35加元；经济双人间86加元	提供内部干洗整体设施、共用的基本设施、全面的厨房和寄存行李综合服务等，且距离拜沃德市场（Byward Market）、渥太华大学（University of Ottawa）和周围商场都较近
渥太华你好吉尔旅馆（HI-Ottawa Jail Hostel）	75 Nicholas St.,Ottawa/613-2352595	www.hihostels.ca/Ontario/1166/HI-Ottawa-Jail.hostel	6人间一张床位35加元；4人间一张床位40加元；单人小客房46加元；双人小间（共用卫浴）94加元	旅馆拥有Mugshots酒吧，提供啤酒和鸡尾酒。酒吧还提供现场娱乐表演；且靠近大型商场

渥太华百里挑一的经济餐

寻找经济餐的好去处

渥太华是个名副其实的多民族聚集的地方，有着世界各地的美味佳肴，包括法国大餐、印度美食、希腊美食、意大利菜肴等。在这里，不同的人有着不同的饮食习惯和餐饮文化，肯定能找到与你口味相投的美食。

运河丽思

运河丽思（Canal Ritz）是渥太华最浪漫的餐厅之一。店铺的装饰很现代化，让人有种舒适的感觉。店内主营意大利餐点，在这里，顾客既可以选择在装潢舒适的室内用餐，也可以选择在面对运河的室外就餐。这里每天都会推出特色菜肴，包括鸡肉类、牛肉类、海鲜类等。葡萄酒在这里以瓶装为主，可以对外出售。

旅游资讯

- 375 Queen Elizabeth Dr.,Ottawa
- 613-2388998
- www.canalritz.com

富顿薄煎饼屋

富顿薄煎饼屋（Fulton's Pancake House and Sugar Bush）是渥太华有名的出售枫糖食品的地方，如果在春季（2月末至4月初）来访，还可以在附近农场参观枫糖制作过程，以及在煎饼屋买到可口的枫树糖浆。另外，这里的薄煎饼口味正宗香浓，一定会让你难以忘怀的。

旅游资讯

399 Sugar Bush Rd.,Pakenham
613-2563867
www.fultons.ca

Khao Thai

Khao Thai是一家经营各色泰式海鲜的泰国餐厅，一进入他家，就连空气中都飘散着浓浓的海鲜风味，推荐这里的Khao Thai Tom Yum。另外，这里还为素食主义者提供了多种类的菜品，可以尝试下泰式咖喱的鲜香。

旅游资讯

103 Murray St.,Ottawa
613-2417276
www.khaothai.ca

Elgin Street Diner

这是一家久负盛名且每周7天24小时不间断营业的餐厅，店内装饰成复古的格调，坐在其中有种回到20世纪的感觉。他家的宿醉早餐、烟熏汉堡、Poutine以及奶昔都很受欢迎。

旅游资讯

374 Elgin St.,Ottawa
613-2379700
www.elginstreetdiner.com

坎伯兰比萨

坎伯兰比萨（Cumberland Pizza）是一家位于渥太华的比萨连锁店，他家的比萨比较符合大众的口味，价格又很划算，是当地非常受欢迎的餐馆，尤其是小孩子很喜欢他家的比萨。推荐品尝经典的意大利辣香肠比萨，也可以自己选择比萨上的装饰配料，制作自己喜欢的比萨。

旅游资讯

152 Nelson St.,Ottawa
613-7899999
www.cumberlandpizza.com

渥太华本地人爱去的购物地

本地人爱去的购物街

威廉街

威廉街（William Street）是渥太华市内的一条著名的购物和美食街，更是当地华人喜爱的地方。加拿大的特色产品在这里几乎都有，推荐这里的冰酒。在威廉街你可以品尝到当地的风味小吃，寻找到有趣的店铺，买到个性的服饰。

旅游资讯

- William St.,Ottawa
- 乘坐7路公交至Daly and Nicholas站下车步行可到

本地人爱去的商场

奥尔良购物中心

奥尔良购物中心（Place D'Orleans）是全封闭式的，内有超过200家店铺，出售涵盖电子产品、服装珠宝、书籍音乐、娱乐等多方面商品，二楼还有美食广场提供多种美味。该商场还提供很多人性化的服务，如寄存行李、观看免费表演等。

旅游资讯

- 110 Place d'Orleans Dr., Orleans
- 613-8249050
- www.placedorleans.com

沿海岸购物中心

沿海岸购物中心（Bayshore Shopping Centre）也叫海柏购物中心，涵盖衣食、住用、娱乐、图书等方面的商品，拥有很多著名的品牌连锁店，且价格相对较低，省去周折多个购物场所的麻烦。

旅游资讯

- 100 Bayshore Dr.,Nepean
- 613-8297491
- www.bayshoreshoppingcentre.com/en

里多购物中心

里多购物中心（Rideau Centre）位于渥太华市中心、丽都运河旁，是渥太华规模最大的购物商场。这里拥有百货公司、专卖店和其他大型连锁店在内的200多家店铺，各类服装、图书、美容、数码和影音等商品，款式新颖，品种繁多。

旅游资讯

- 50 Rideau St.300,Ottawa
- 613-2366565
- www.cfshops.com/rideau-centre.html

本地人爱去的市场

拜沃德市场

拜沃德市场（ByWard Market）是加拿大最古老、最大的市场。建立之初，人们将街道建得格外宽阔，以便马车队每日运送货物。时至今日，在路上依然能看到马车。这里也是渥太华知名的夜生活区之一，推荐The Chateau Lafayette店铺，这是一家渥太华最古老的小酒馆，1849年建立，如今仍然是夜幕降临之后消磨时光的好去处。这里还有各式的咖啡店、餐馆、手工艺店、农夫市场等。街头有很多献艺的艺术家，吸引着游客驻足。在市场内也可以尝到当地的特色小吃，包括独特的面食小吃加拿大海狸尾。

旅游资讯

- 55 Byward Market Square,Ottawa
- 0613-5623325
- www.byward-market.ca

火花街市场

火花街市场（Sparks Street Mall）位于国会山旁，是渥太华的老商业区，最早的路边市场就位于火花街市场。街道两旁布满了传承几代的老店和摊贩，各个民族的工艺品和特产都可以在这里找到。到此，可漫步于铺满鹅卵石的街道上，找一家小店，选一件称心如意的纪念品。

旅游资讯

- 35 O'Connor St., Ottawa
- 613-2300984
- sparkslive.com

渥太华不花钱的娱乐活动

渥太华的地理位置使得它每年有8个月左右的寒冷气温，因而这里也是加拿大滑冰赏雪的最佳去处。在不冷的季节，划船、赏花也是当地人和游客的最爱。

不花钱的娱乐活动

渥太华雪祭

渥太华雪祭是渥太华的冬季节庆，也是北美最具规模的冬季节日之一。每年参加这个节日的人数多达70万，节日期间，整个渥太华将迎来闪闪发亮的冰雕和现场音乐演出，滑冰者们还将在世界上最长的室外溜冰场——丽都运河滑行，场景非常壮观。还可以参与数十种节日活动，感受加拿大冬日的热情。

旅游资讯

- 渥太华丽都运河
- 每年2月份

加拿大郁金香节

郁金香节的节庆会址遍布渥太华全市，每年郁金香节期间，除了尽兴赏花，还能参加各种活动。规模最大的赏花地点包括国会大厦东侧的丽都运河沿岸、将军丘公园、国会大厦对面的联邦广场和道斯湖旁边的委员会公园。节日期间还有万国美食展、露天音乐会、街头艺术等表演活动，丽都运河上还将上演彩船表演和盛大的焰火晚会，热闹非凡。

旅游资讯

每年5月第三周

加拿大皇家骑警音乐骑术表演中心

加拿大皇家骑警音乐骑术表演中心（Royal Canadian Mounted Police Musical Ride Centre）设在渥太华的一所警察局内，骑警们会在舞台上随着音乐进行各种骑术表演，游客可以欣赏到他们的彩排乃至正式演出。另外，每年7月1日国庆当天，在国会山前的草坪上，皇家骑警的马术队都会进行一场伴有音乐的骑术表演，这种配乐表演已然获得各国游客的最好口碑。加拿大皇家骑警不仅是加拿大历史的一部分，他们作为联邦警察，在世界上也赢得了最先进的执法机构的国际威望。

旅游资讯

RCMP National Headquarters, Headquarters Building,73 Leikin Drive,Ottawa

613-9937267

5月至9月9:00～15:30；9月至次年4月每周二至周四10:00～13:30；圣诞和新年期间不开放

魁北克市最优出行方案速查

机场到市区

让·勒萨热国际机场（Québec City Jean Lesage International Airport）是加拿大魁北克省省会魁北克市的主要国际机场，位于圣福瓦，以该省前总理让·勒萨热的名字命名。是加拿大东部魁北克省的主要门户港，有到达加拿大和美国主要城市及世界其他城市的航班。目前中国没有直飞魁北克市的航班，可以从先到达蒙特利尔再转机过来。

让·勒萨热国际机场信息	
地址	505 Rue Principale,Ville de Québec
电话	418-6403300
网址/二维码	www.aeroportdequebec.com
备注	机场有1个航站楼

机场至市区交通			
交通方式	介绍	票价	省钱攻略
巴士	78路巴士周一至周五清晨从巴士总站出发下午回到总站	3.5加元	购买1日票或车票券
出租车	出租车（Taxis）可以到达魁北克市内和周围的任何地方，到达魁北克市区和周围地区实行固定的费率	到达市区34.25加元，到达周围地区15加元	2人以上可以考虑打车
包车	包车（Chartered Bus Service）需在到达机场前预订，包车服务只对大团队旅客提供	—	团队旅客预订

出行使用公共交通通票

魁北克市公交车通票

魁北克市公交车通票分为1日票、5日票、周末票、月票。1日票8.25加元，可以在一天内任意换乘市内公交，不限次数，在总站和换乘站各大便利店都可以买到；5日票28.5加元，可以随时购买并激活使用；周末票15加元，可以选择在任意一个周末使用；月票85.6加元，每月20日起开始销售，5岁以下儿童均免费乘车。

购买车票券也可以省下不少费用，车票券单张2.95加元，在车站和便利店可以买到。

TIPS 更多交通信息可在RTC（Réseau de Transport de la Capitale）官网了解。

www.rtcquebec.ca

魁北克市玩点速览+线路推荐

玩点速览

魁北克古城区

魁北克古城区（Old Quebec）是在1608年由法国探险家桑普兰建立，周围仍可见到旧时的稜堡、闸门与防御工事。作为魁北克城标志的古城堡现仍耸立在戴蒙德角的最高点，城内多教堂和修道院，还可以参观有历史陈迹的炮台公园、闻名遐迩的拉威迩大学和品尝法国大餐，充分享受古城的浪漫风情。

旅游资讯

🏠 Old Quebec,Quebec City

小香普兰街

小香普兰街（Du Petit-Champlain）是魁北克老城的起源地，被誉为北美地区最古老的商业街，极具欧洲风情。在这条狭窄的街道上，都是一些贩售纪念品、精品、皮件、手工艺品的商店，以及画廊和餐厅。这里是一条极具浪漫气息，且让人感觉温馨的小街，漫步在小香普兰街，无论是古雅的房屋、精美的橱窗，还是热闹的咖啡馆、街头艺人的表演，都足以让人驻足欣赏。

旅游资讯

🏠 61 Rue du Petit Champlain,Ville de Quebec

📞 418-6922613

📶 www.quartierpetitchamplain.com

皇家广场

皇家广场（Place Royale）是1608年香普兰在魁北克兴建的第一个居住地，也是北美法国文化的发源地。这里很早开始就有商业活动，有钱的商人在此建造房屋，使得此地很快变成了繁忙的商业中心。如今，皇家广场的中央竖立着法国“太阳王”路易十四的半身塑像，四周仍可见到当时富商的房子，每年夏天，广场上都会举办音乐会，届时有街头艺人们的精彩表演，非常热闹。

旅游资讯

Place Royale,Quebec City
418-6463167

特雷索尔艺术街

特雷索尔艺术街（Rue de tresor）位于兵器广场的北边，这条街道非常袖珍，只有数十米长，所有的店铺都保持着18世纪以前的模样，商店的招牌式样古朴，以古体法文书写，非常有韵味。街道上很早就有艺术家们支起画板开始卖画，周围红色屋顶的露天咖啡厅上坐满了客人，热闹极了。

旅游资讯

Place d'Armes,Ville de Québec

魁北克议会大厦

魁北克议会大厦（Parliament Building）是矗立在议会山丘（Parliament Hill）上的一座壮丽的第二帝国式建筑。大厦历史悠久，1877年开始兴建，于1886年完成，展现出法国文艺复兴时期建筑风格的精致感，华丽的外观像是法国的凡尔赛宫，非常引人注目。大厦正面壁龛中立有22座铜像，是为了纪念那些在魁北克历史上有卓越贡献的人而建。

旅游资讯

- 1045 Rue des Parlementaires,Ville de Québec
- 418-6437239
- www.assnat.qc.ca/fr/index.html

蒙特伦西瀑布

蒙特伦西瀑布（Montmorency Falls）位于加拿大魁北克省的西边，是蒙特伦西河注入圣劳伦斯河时所形成的瀑布。瀑布落差达83米，声势浩大，是尼亚加拉瀑布的1.5倍，大量的水从峭立的悬崖倾泻注入圣劳伦斯河，发出震耳欲聋的声响，十分壮观。瀑布前方的湖面在冬季会结冰，如果冰层够厚，可以在上面骑雪上摩托车、行走或攀登冰瀑。在瀑布旁沿着山壁建有阶梯，还有许多近距离的观瀑小径、凉亭、桥梁等，可以让游客更方便地观赏到瀑布的壮观景色。

旅游资讯

- 5300 Boulevard Sainte-Anne,Ville de Québec
- 418-6632877
- www.sepaq.com/ct/pcm

圣安妮大教堂

圣安妮大教堂（Sainte-anne-de-beaupre' Basilica）是魁北克的三大教堂之一，其建筑设计精致，好似一颗珠宝那般令人迷眩。教堂顶部的圣安妮雕像为纯金铸造，珍贵无比。每年都有数百万教徒前来圣安妮大教堂朝圣，教堂以治愈残疾人士而闻名于世。

旅游资讯

- 10018 Avenue Royale,Sainte-Anne-de-Beaupré
- 418-8273781
- 8:00～17:00
- www.sanctuairesainteanne.org

星形城堡要塞

星形城堡要塞（La Citadelle）位于钻石岬角（Cape Diamant）上，是北美大陆上最著名的要塞，历来被认为是加拿大的战略要地。城堡为四角多边形，每个角还设有堡垒，城堡内有一座皇家22e陆军团博物馆，是由旧的发电厂和陆军监狱所改建，馆内展示传统的兵器、火炮、服装、装饰、徽章，以及从17世纪到现在的所有文献。

旅游资讯

- 1 Cote de la Citadelle, Ville de Québec
- 418-6942815
- www.lacitadelle.qc.ca/fr

TIPS 夏天来到这里，还可观赏驻军的检阅及卫兵换岗的传统仪式，这项仪式表演从6月24日至9月第一个周一，每天10:00举行，除了下雨天之外每天都有，须购票参观。

线路推荐

DAY 1

魁北克古城区➡小香普兰街➡特雷索尔艺术街➡魁北克议会大厦

魁北克古城区 / 参观古城的历史遗迹

步行7分钟

小香普兰街 / 在热闹的咖啡馆边喝咖啡边欣赏街头艺人表演

步行8分钟

特雷索尔艺术街 / 请街头画家给自己画一幅肖像画

步行14分钟

魁北克议会大厦 / 欣赏历史悠久的议会大厦建筑外观

DAY 2

星形城堡要塞➡皇家广场

星形城堡要塞 / 参观皇家22e陆军团博物馆

步行19分钟

皇家广场 / 漫步皇家广场感受其热闹的氛围

魁北克市高性价比住宿地推荐

魁北克市住宿多以家庭式为主，有很多酒店和特色旅馆，主要住宿地集中在旧城区，考虑去蒙特伦西瀑布游玩的也可以选择住在周围，那里也有很多特色旅馆，价格便宜很多。

推荐原因	
地点	原因
旧城区	周围交通便利，魁北克主要景点集中在附近，吃、住、玩都很方便
蒙特伦西瀑布	周围有很多设施较好、温馨的特色旅馆，想要去瀑布游玩的游客可以选择住在这附近

住宿地推荐

高性价比酒店推荐				
名称	地址/电话	网址	参考价格	亮点
尚普兰酒店（Hotel Champlain）	115 Rue Sainte-Anne,Ville de Québec/418-6940106	hotelsduvieuxquebec.com/en/hotel-champlain	标准房、高级大床房165加元	卧室配备有鹅绒被、冰箱，周围交通方便，紧邻购物中心和饭店，且距离特雷索尔艺术街较近
阿卡迪亚酒店（Hotel Acadia）	43 Rue Sainte-Ursule,Ville de Québec/418-6940280	www.hotelsvieuxquebec.com/fr	经典双人间117加元；高级大床房152加元	房内设舒适的漩涡澡盆和暖气，交通便利，紧邻魁北克议会大厦，距离特雷索尔艺术街也较近

名称	地址/电话	网址	参考价格	亮点
皮埃尔别墅酒店（LeChateaude Pierre）	17 Avenue Ste Geneviève,Ville de Québec/418-6940429	www.hotelchateaudepierre.com	标准大床房129加元；标准双床房142加元	位于市中心，交通便利，周围有很多历史古迹，酒店装潢是英国殖民时期风格，提供欧式早餐（价格另计）。距离魁北克古城、小香普兰街、特雷索尔艺术街都较近

高性价比宾馆/旅舍推荐				
名称	地址/电话	网址	参考价格	亮点
图尔庄园宾馆（Hotel Manoir de la Tour）	385 Grande-Allee Est., Québec/418-5256276	www.hotelmanoirdelatour.com	大床房（半地下室）77加元；标准大床房98加元；标准双人房106加元；	提供欧式早餐，交通便利，距离魁北克议会大厦较近
丽晶汽车旅馆（Hôtel-Motel Le Régent）	3806 Boulevard Sainte-Anne,Ville de Québec/418-6631608	www.leregent.ca	大床房76加元；双床房（单人用）84加元	旅馆设有传真和影印各项服务、干洗设施以及自行车、滑雪和摩托车存放处。并提供电冰箱、中央空调和地毯。距离蒙特伦西瀑布较近
凯特桂汽车旅馆（Hotel MotelLe Chateauguay）	3842 Boulevard Sainte-Anne,Ville de Québec/418-6610037	www.hotelchateauguay.com	大床房67加元；标准房71加元；标准大床房85加元	旅馆可以自己做饭，大堂有免费的电脑可以使用。距离蒙特伦西瀑布较近

魁北克市百里挑一的经济餐

寻找经济餐的好去处

魁北克市是一处充满法国风情的城市，拥有许多出名的法国餐厅，议会大厦旁被誉为“加拿大东部的香榭丽舍大街”上有许多地道的法式料理。除了法式料理，还有许多美味的意大利料理、日式料理等。

Le Continental

这家餐厅洋溢着老派的法式氛围，环境和装饰都透露着舒适与浪漫的气息，是情侣们十分喜爱的地方。这里主要供应法国菜，推荐蚝油香菇牛肉、洋葱汤，以及甜品焦糖布丁和巧克力覆盆子蛋糕。

旅游资讯

- 26 Rue Saint Louis,Ville de Québec
- 418-6949995
- www.restaurantlecontinental.com

Conti Caffe

这家餐厅主营意大利菜，内部装饰非常有特色，他家的开胃菜生牛肉和番茄肉酱意大利面都很美味，喜欢喝汤的游客不要错过他家的奶油蘑菇汤。

旅游资讯

- 32 Rue Saint Louis,Ville de Québec
- 418-6924191
- www.conticaffe.com

Aux Anciens Canadiens

Aux Anciens Canadiens是一家法国餐厅，在当地非常有名，餐厅外观是可爱的红房子，非常显眼。这里提供美味的餐点和周到的服务，推荐他家的田螺、法式洋葱汤、魁北克传统炖。

旅游资讯

- 34 Rue Saint Louis,Ville de Québec
- 418-6921627
- www.auxancienscanadiens.qc.ca

Enzo Sushi

Enzo Sushi是当地一家有着现代优雅风格装修的日式餐厅，就餐环境舒适，喜爱日式料理的游客不要错过，他家的金枪鱼、各种寿司味道都很好。

旅游资讯

- 150 Boulevard Rene-Levesque E.130,Ville de Québec
- 418-6491688
- sushi-enzo.com

魁北克市本地人爱去的购物地

本地人爱去的购物街

魁北克旧城

魁北克旧城（Old Quebec City, Quebec City）因处处散发着欧洲余味，被加拿大人称作“不需要倒时差的欧洲”。在这里你可以买到当地原住民的手工艺品、枫制品、毛皮等各类商品。除了大大小小设计感强的精品店外，这里也有1840年就存在的老牌百货Simons Department Store。最值得一提就是旧城内的小香普兰街（Du Petit-Champlain），它被誉为“北美最古老的繁华街”，街道上的复古建筑，诉说着法国的热情与浪漫。

旅游资讯

- Old Quebec City,Québec
- www.quebecregion.com/en/quebec-city-and-area/old-quebec

劳瑞尔广场

劳瑞尔广场（Place Laurier）是加拿大东部最大的购物中心，其中有350家商铺、40家餐厅。而且这里也是来魁北克旅游最值得去的购物中心。每年，来此的人数超过1300万，这里也是来魁北克市旅游的游客最喜欢去地方。

旅游资讯

- 2700 Boulevard Laurier,Ville de Québec
- 418-6515000
- www.laurierquebec.com/en

魁北克市不花钱的娱乐活动

魁北克市是北美最具欧洲色彩的城市，有着许多娱乐活动。来到这里，无论哪个季节你都能找到喜爱的娱乐项目。如果恰逢冬季来到魁北克市，就一定不要错过这里的雪景和全球最热的冬季嘉年华。

不花钱的娱乐活动

魁北克冬季狂欢节

冬季狂欢节是魁北京省最大的节日，每年从2月份的第一个周末起开始举行，为期10天，规模盛大，活动内容丰富多彩，具有浓郁的法兰西文化色彩。狂欢节期间会举行冰雕比赛、划船比赛、越野滑雪比赛、轮胎滑雪比赛、大型滑车比赛、狗拉雪橇比赛、冰上赛马等各种体育活动。除此之外，冰雪浴、冰火洗礼、冰宫殿、电动狂牛等众多娱乐精彩活动，都等着你亲身去体验。

旅游资讯

🕒 2月份的第一个周末开始，为期10天

魁北克烟花节

魁北克烟花节（Loto-Quebec Fireworks）于每年夏季在圣劳伦斯河上空举行。这里有梦幻般的烟火表演，绚丽的烟火照亮整个夜空。在圣劳伦斯河岸边挑选一处优越的位置观看烟花，一定会让你大饱眼福。

旅游资讯

- Rue des Carrieres,Quebec City
- 8月2日至20日的每周三和周六

魁北克啤酒节

魁北克啤酒节（Festibiere de Québec）是一个盛大的音乐和艺术节，每年在魁北克城老港的Esapce 400e举行。魁北克城啤酒节是为了让啤酒爱好者去发现他们最喜爱的啤酒新品种而举办的夏季活动。来自魁北克省和世界各地的50家参展商将展示他们的产品（小型酿酒厂、本地农产品生产者、苹果碑酒制造商等），节日期间，组委会还组织酿造业专家举行会谈，还有一系列的音乐演出表演。

旅游资讯

- 100 Quai Saint-André,Québec
- 418-9481166
- 8月14日至17日
- festibieredequebec.com/billetterie

蒙特利尔

蒙特利尔最优出行方案速查

机场到市区

蒙特利尔皮埃尔·埃利奥特·特鲁多国际机场（Aéroport international Pierre-Elliott-Trudeau de Montréal，ICAO：CYUL，IATA：YUL）简称蒙特利尔特鲁多机场，位于加拿大魁北克省蒙特利尔市以西、多佛尔市境内，是魁北克省最繁忙的机场，同时也是加拿大第三繁忙的机场。目前，从中国北京有直飞到蒙特利尔的航班，上海直飞蒙特利尔的航班也开通。

蒙特利尔特鲁多机场信息	
地址	975 Roméo-Vachon Blvd,North Dorval
电话	514-6333333
网址/二维码	www.admtl.com
备注	拥有北美最大的免税商店

机场至市区交通			
交通方式	介绍	票价	省钱攻略
机场巴士	机场大巴往返于机场和市中心车站，每20多分钟发车一班，全程约需0.5小时，运营时间为每天7:00至次日1:00	车票单程9.25加元，往返16.75加元	—
公交车	乘坐747路公交车在机场和中央车站“Central Bus Station”（蒙特利尔中央车站临近Berri-UQAM地铁站）之间往返，一周7天，每天24小时运营，可在机场外的汽车站乘坐，全程45～60分钟；搭乘204路或209路公交车在转乘至市中心。车票可在自动售票机处购买	747路公交专线10加元（可当一日票使用）；普通公交车单程3.25加元	可购买多张车票券或1日通票、3日通票、周末通票、7日通票
出租车	可在机场中门出口处搭乘出租到市中心	固定价格为40加元	2人以上可以考虑打车

出行使用公共交通通票

蒙特利尔公共交通通票

蒙特利尔公共交通通票分为1日票、3日票、周末票、7日票、月票。1日票10加元，可以在一天内任意换乘市内公交车，不限次数；3日票18加元，可在连续3天内使用；周末票13.75加元，可以选择在任意一个周末使用，时间从周五16:00至下周一5:00；7日票25.75加元，从周一直到周日23:59；月票83加元，从1号到本月最后一天。另外，也可以购买无限制的夜间票5加元，乘坐时间在18:00至次日5:00。

购买车票券也可以省下不少费用，车票券2张6加元，10张27加元。

TIPS 更多交通信息可查询蒙特利尔交通局（Société de transport de Montréal）官网了解。

www.stm.info

蒙特利尔玩点速览+线路推荐

玩点速览

旧城区

旧城区（Old Montreal）位于圣劳伦斯河畔，很多著名景点汇聚于此。漫步在这旧城区繁忙的港湾口，可以看到装扮华丽、披着鲜花的观光马车，或是看到精妙绝伦的法国式景观和古老城堡，每一个建筑都是一件精美的艺术品。偶尔还能看到街边乐团的表演，到了8月，还有著名的蒙特利尔国际电影节在此举办。此外还有各式各样的节日，如啤酒节、另类电影节、法国音乐节、国际美食节等，你可在这些节日中都感受到蒙特利尔的浪漫风情。

旅游资讯

- 303 Rue Notre-Dame E, Montréal
- 地铁2号线至Place-d'Armes站下车即可

诺特丹圣母大教堂

诺特丹圣母大教堂（Basilique Notre Dame）建于1829年，位于达尔姆广场对面，是蒙特利尔市的标志。教堂外表宏伟壮观、庄严肃穆，内部则富丽堂皇，有着蓝色的天花板以及新哥特式的彩绘玻璃。其中最引人注目的是镶嵌在蓝色天花板上数以千计的并以纯金打造的星星，这些星星使得整个教堂宛如星空般美丽耀眼。教堂正门的两侧分别矗立着70米高的双塔，西边的塔上还挂有一座北美最古老的巨钟。教堂内的松木及胡桃雕刻，以及彩绘玻璃都记述着当地重大的历史事件，在蒙特利尔城市的历史研究中占据着重要的地位。

旅游资讯

- 110 Rue Notre-Dame O.,Montréal
- 514-8422925
- 乘坐地铁2线至Place-d'Armes站下车步行可到
- 周一8:00~16:30，周二至周五，8:00~18:30，周六8:00~16:00，周日12:30~16:00，举办婚礼时将调整开放时间
- 成人6加元，7~17岁儿童4加元，6岁以下免费，门票只接受现金
- www.basiliquenotredame.ca

TIPS 教堂内还设有一个宗教博物馆，展示有关宗教艺术、祭服等，馆藏以精美的银器最为夺目，精美无比。另外，在教堂的后面还有个小礼拜堂，内部金碧辉煌，当地人亲切地称它为结婚礼堂，每年都有几百对新人在这里举办婚礼。

麦吉尔大学

麦吉尔大学（McGill University）是加拿大一所以医学院闻名世界的公立大学。该大学已有180余年的历史，校园内林立着古色古香的建筑。大学里坐落着著名的雷德帕思博物馆，是加拿大最早的自然科学博物馆之一。博物馆侧重自然历史研究，涵盖了地质学、昆虫学、古生物学、人种学等，标本可达300万件。馆内主要展品有复原的恐龙骨架及珍稀化石、日本甲胄等，极具观赏价值。此外，校园的书店也不得不去，那里有不少特色的校园商品。

旅游资讯

- 845 Rue Sherbrooke O., Montréal
- 514-3984455
- 乘坐地铁1号线在McGill 站下车即可
- www.mcgill.ca

圣若瑟圣堂

圣若瑟圣堂（Saint Joseph's Oratory of Mount Royal ）位于蒙特利尔的皇家山北坡，是一座罗马天主教圣殿。这座圣堂的穹顶号称世界第三大，仅次于科特迪瓦的亚穆苏克罗和平之后大殿和罗马的圣伯多禄大殿，也是加拿大最大的教堂。内部装修出奇地质朴，与其宏伟壮丽的外表形成强烈反差。圣堂的巨大管风琴，每天都会奏出悠扬的乐声。

旅游资讯

- 3800 Chemin Queen Mary,Montréal
- 514-7338211
- 乘坐地铁5号线至Cote des Neiges站下，步行可到
- www.saint-joseph.org

> **TIPS** 教堂内部的博物馆里还存放着安德烈修道士的心脏，而沿墙所放的拐杖是安德烈修道士治愈的人们表示谢意的见证。

皇家山公园

皇家山公园（Mount Royal Park）坐落于市区中心的皇家山坡顶上，是市内最大和最美的公园之一。它由设计纽约中央公园的世界知名设计师奥姆斯特德所设计，全园满覆绿树，绿意盎然。从山顶往下眺望，可将圣劳伦斯河和市区的美景尽收眼底。山顶还有一座高30米的十字架，非常醒目，夜晚在彩色灯的装饰下，显得更加亮丽耀眼。

旅游资讯

- 1260 Chemin Remembrance,Montréal
- 514-8723911
- www.lemontroyal.qc.ca/en/learn-about-mount-royal/homepage.sn

兵器广场

兵器广场（Placed' Armes and Vicinity）又称卡洛斯·曼努埃尔·德·塞斯佩德斯广场，虽然占地面积不大，但被称为蒙特利尔老城的心脏。兵器广场从建立到现在的模样几经变革，历经几百年的时间。广场中央竖立着古巴1868年至1878年起义领袖、战时共和国总统塞斯佩德斯的雕像。

旅游资讯

- 距离杰克·卡尔提埃广场直线距离约500米

TIPS 广场周围有许多建筑，东北角的特姆普莱特神庙、西侧的哈瓦那历史博物馆、附近的大教堂等，都非常具有观赏价值。

自然生态博物馆

自然生态博物馆（Biodome de Montreal）是蒙特利尔著名的博物馆之一，位于运动巨蛋的旁边，它是由原来的自行车比赛场馆改建的，1992年开幕。全馆分为热带森林区、罗伦特森林区、圣罗伦斯河生态区、极地区4个自然生态区，展示整个美洲从热带雨林到南北极的自然生态，有大量珍奇动植物供人参观。园内拥有多种动物、植物，以及水族馆，深受游客的喜爱。

旅游资讯

- 4777 Avenue Pierre-De Coubertin,Montréal
- 514-8683000
- 乘坐地铁1号线至PIE-IX站下车可到
- 周二至周日 9:00～17:00
- 成人15加元，儿童半价
- billets.espacepourlavie.ca

杜尔切斯特广场

杜尔切斯特广场（Square Dorchester）位于蒙特利尔市中心的正中央，和加拿大广场（PlaceduCanada）紧紧相连。广场上矗立着加拿大第一位总理SirJohnA.Macdonald的塑像。广场内部环境幽雅，绿树成荫，花团锦簇，更有众多精美的雕塑遍布其中，广场周围还有许多高大雄伟的著名建筑。每当夏季这里更是众多节日举办之处，同时也是国庆游行的终点，十分热闹。

旅游资讯

- 蒙特利尔市中心的正中央，中央火车站旁
- 乘坐地铁1号线至Peel站下车，步行10分钟即到

蒙特利尔植物园

蒙特利尔植物园（Montreal Botanical Garden）占地73万平方米，是北美最大的植物园，也是世界第二大植物园。植物园以法国庭园风格为主，共分10个温室和30个主题室外园区，收集和栽培的植物多达2万余种。莫森接待大厅是温室展区的入口，可以浏览主题展示板、现场咨询园艺信息。植物园温室区旁有一座明代园林风格的中国式园林“梦湖园”，占地25万平方米，

旅游资讯

- 4101 Rue Sherbrooke E.,Montréal
- 514-8721400
- 五月中旬至9月上旬9:00～18:00；9月上旬至10月9:00～17:00；其他时间周二至周日9:00～17:00
- 植物园和昆虫馆套票成年人19.75加元，65岁以上老人18.25加元，5～17岁儿童10加元，4岁以下儿童免费，家庭票（2名成人＋3名儿童）55加元
- billets.espacepourlavie.ca

1991年由园林家乐卫忠先生设计、上海市和蒙特利尔市合作兴建，梦湖谐音“蒙沪”，象征这两个城市的友谊。每年中秋梦湖园都会举办以在上海手工制作的上千盏花灯为主的灯会（The Magic of Lanterns），吸引众多海外华人和各国游人前来观赏。

TIPS 蒙特利尔植物园还有一座独特的昆虫馆，号称北美最大的昆虫馆。内部拥有多个主题馆，展览如蜜蜂、螳螂、甲壳虫、蜘蛛、蝎子等昆虫标本且大部分是昆虫活体。此外，还展览了许多奇特的昆虫，例如具有拟生态和保护色等奇特生存武器的昆虫，让人趣味横生，流连忘返。

蒙特利尔塔

蒙特利尔塔（Montreal Tower）是世界上最倾斜的高塔，高190米，倾斜45°。当天气晴朗时，站在塔顶视野非常辽阔，可以欣赏到80公里外有名的劳伦斯山脉（Laurentian Mountains）。游客可以搭乘缆车到塔台的顶端，欣赏市区醉人的风光和圣劳伦斯河迷人的风景。塔身下面有几层设有美术厅，陈列着许多有关公园历史的展品。

旅游资讯

- 4141 Avenue Pierre-De Coubertin, Montréal
- 514-2524141
- 乘坐地铁1号线至Viau站下，步行可到
- 10月11日至12月23日期间周二至周日9:00～17:00，12月26日至12月31日和1月2日至1月8日9:00～17:00，1月1日12:00～17:00，其余时间关闭
- 成人23.25加元，学生18.5加元，5～17岁儿童11.5加元，家庭票（2名成人+3名儿童）58加元
- parcolympique.qc.ca

TIPS 蒙特利尔塔是世界联盟高塔组织（World Federation of Great Towers）的重要成员之一，而且它还在1988年5月被米其林（Michelin Guide）授予了二颗星的荣誉。

蒙特利尔美术馆

蒙特利尔美术馆（Montreal Museum of Fine Art）是加拿大最古老的美术博物馆，也是加拿大最具影响力的美术馆之一。由工艺品博物馆和德斯玛瑞斯（Desmarais）馆组成，馆内收藏了世界各地不同时代不同风格的绘画、雕塑和装饰品以及远古器具等艺术品，并在加拿大国内外举行各种大型展览。此外，馆内收藏的加拿大本土艺术藏品尤为出彩。

旅游资讯

- 1380 Rue Sherbrooke O., Montréal
- 514-2852000
- 乘坐地铁 1 号线至GUY—CONCORDIA站下车，步行10分钟可到
- 周二至周日11:00～17:00，主要展览在周三，开放至21:00
- 年龄31岁及以上20加元，13～30岁12加元，12岁以下由成人带领免费
- www.mbam.qc.ca

TIPS 参观蒙特利尔美术馆时，可以去美术馆的地下陈列室参观一番，它与正馆相连，馆中藏有早期定居者带来的欧洲画作，也有多伦多“七人之社”的作品。穿过美术馆的文化通道，可以来到装饰艺术博物馆，里面收藏了许多陶器、纺织品和家具。

蒙特利尔市政厅

蒙特利尔市政厅（Montreal City Hall）位于圣母路上，是一栋优雅宏伟的大楼。这座大楼是建于1872年~1978年的第二帝国式建筑，有修长的圆柱和绿色的折线型屋顶，屋顶高耸的绿色塔楼在夏天明亮的阳光照射下，显得十分典雅。每逢节庆日，整栋大楼沉浸在璀璨的灯光里，显得格外辉煌。

旅游资讯

- 275 Rue Notre-Dame E.,Montréal
- 514-8720311
- 乘坐地铁2号线至CHAVIP-DE-MARS站下车即到
- ville.montreal.qc.ca

TIPS 法国前总统戴高乐于1967年应邀参观世界博览会时，曾在市政厅正面入口上方的阳台上对着群众演讲，喊出“魁北克独立万岁”这句名言，使得这个阳台远近闻名。游览市政厅时，不要错过这里哦！

线路推荐

DAY 1

蒙特利尔市政厅➡诺特丹圣母大教堂➡麦吉尔大学

蒙特利尔市政厅 / 欣赏市政厅建筑外观

步行8分钟

诺特丹圣母大教堂 / 参观宗教博物馆，欣赏美丽的彩绘玻璃，了解当地历史

乘坐365路公交车至du Parc、Milton站下，步行可到

麦吉尔大学 / 感受校园浓郁的学术氛围，参观雷德帕思博物馆

DAY 2

蒙特利尔植物园➡蒙特利尔塔➡蒙特利尔美术馆

蒙特利尔植物园 / 观赏各种植物和独特的昆虫馆

步行15分钟

蒙特利尔塔 / 俯瞰蒙特利尔市区和圣劳伦斯河迷人的景色

乘坐地铁1号线至Station Guy-Concordia站下车，步行可到，约35分钟

蒙特利尔美术馆 / 参观各类绘画、雕塑展品

蒙特利尔高性价比住宿地推荐

蒙特利尔各个档次的住宿地应有尽有，绝大多数都位于市中心及其周边、旧城区一带。值得注意的是，蒙特利尔的住宿价格在旅游旺季比较高（如夏季和圣诞节期间），除此之外的时间段，价格便宜很多。6月中下旬至7月初，是蒙特利尔的F1赛车及国际爵士音乐节，此时所有住宿地都客满为患，想要这个时间前往游玩的游客，一定要提前预约住处。

推荐原因	
地点	原因
市中心	交通便利，各类餐厅、购物中心品种齐全，景点较集中
旧城区	很多景点位于旧城区内部，步行即可到达，周围配套设施齐全，能够满足各类生活需求

住宿地推荐

高性价比酒店推荐				
名称	地址/电话	网址	参考价格	亮点
蒙特利尔中心精选假日酒店（Holiday Inn Select Montreal Centre Ville Downtown）	999 Rue Saint-Urbain,Montréal/514-8789888	www.ihg.com/holidayinn/hotels/us/en/montreal/yulca/hoteldetail	标准房114加元；休闲房192加元	酒店地处中心地带，交通便利，内部有美味的中式餐厅，且靠近唐人街，距蒙特利尔旧城区的景点和商店也只隔一个街区

续表

名称	地址/电话	网址	参考价格	亮点
蒙特利尔中心区法布格酒店（Hotel Faubourg Montreal Centre-Ville Downtown）	155 Boulevard René-Lévesque E,Montréal/514-4487100	www.hotelfaubourgmontreal.com	标准房128加元	酒店每天供应热早餐，提供干洗、外币兑换、传真、复印等服务，周围交通便利，靠近历史悠久的旧城区、唐人街、六旗游乐园、贝尔中心、加拿大F1赛车场等地
蒙特利尔战神广场酒店（Hotel Champ de Mars Montreal）	756 Rue Berri, Montréal/514-8440767	www.hotelchampdemars.com	标准双人间大床房101加元；标准间三人房126加元	酒店位于市中心附近，交通便利，步行可到旧城区，紧邻蒙特利尔市政厅
名人酒店（Celebrities Hotel）	1095 Rue Saint-Denis, Montréal/514-8499688	www.celebritieshotelmontreal.com	经济房（共用浴室）72加元；标准大床房102加元	酒店提供衣帽寄存、保险柜和货币兑换服务，还包含医疗护理、送餐服务、洗衣服务和美发沙龙等贴心服务。紧邻蒙特利尔市政厅，距离旧城区较近

高性价比公寓推荐				
名称	地址/电话	网址	参考价格	亮点
蒙特利尔市中心Ville Candlewood公寓式酒店（Candlewood Suites Montreal Downtown Centre Ville）	191 Boulevard René-Lévesque E.,Montréal/514-6675002	www.ihg.com/candlewood/hotels/us/en/montreal/yullb/hoteldetail	大床一室套房134加元；大床一室套房（无烟）140加元；标准客房140加元	公寓提供免费的洗衣设施、健身中心、庭院及酒廊。且步行可到蒙特利尔老港口、唐人街、艺术广场、当代艺术博物馆和圣凯瑟琳街等地
UQAM蒙特利尔大学分校公寓（Résidences UQAM Ouest）	2100 Rue Saint-Urbain, Montréal/514-9877747	www.residences-uqam.qc.ca	两卧室公寓带共用浴室92加元	公寓位于蒙特利尔市中心，交通便利，提供小厨房、冰箱等设施

高性价比宾馆/旅舍推荐				
名称	地址/电话	网址	参考价格	亮点
M Montreal	1245 Rue Saint-André, Montréal/514-8459803	www.m-montreal.com	10床混合宿舍一个床位28加元；8床混合宿舍1个床位30加元；6床混合宿舍1个床位和6床女生宿舍1个床位33加元；4床混合宿舍1个床位40加元；标准大床房和双床房100加元	青年旅舍提供一个内部吧台，客人晚上可以在那里欣赏喜剧表演、玩桌球或桌上足球。另外还提供共用厨房和公共就餐区，且紧邻圣凯瑟琳购物街

续表

名称	地址/电话	网址	参考价格	亮点
Auberge Alternative	358 Rue Saint Pierre, Montréal/514-2828069	www.auberge-alternative.qc.ca/fr_FR	10床混合宿舍1个床位27加元；6床混合宿舍1个床位28加元	旅馆位于蒙特利尔市的老城区，提供免费无线网络连接。旅馆内还设有共用厨房、行李寄存处、儿童游乐场和小型市场。距离诺特丹圣母大教堂、唐人街都较近
赛玫森蒙特利尔市中心旅舍（Samesun Montreal Central）	1586 Rue St-Hubert,Montréal/514-8435739	samesun.com	8床混合宿舍1个床位24加元；6床混合宿舍1个床位26加元；4床混合宿舍1个床位和4床女生宿舍1个床位28加元；标准双床房90加元	旅舍早晨赠送欧陆式早餐，还提供旅舍组织的城市游览活动。距离蒙特利尔旧城区和奥林匹克景区（Olympic Park）都较近

蒙特利尔百里挑一的经济餐

寻找经济餐的好去处

蒙特利尔是加拿大饮食特色较为鲜明的城市之一，美食在口味上受法国菜式影响甚多。蒙特利尔也不乏加拿大其他地区乃至世界各地的美食，如越南粉、意大利比萨和英式牛排等，都可在这里品尝到。

Ramen-Ya

这是蒙特利尔一家非常温馨的居酒屋，暖暖的灯光、小小的店面，还有一个开放式厨房。店内提供多种口味的拉面，如海鲜、辣牛肉、味增、鸡肉等，无论你喜欢什么口味都可以得到满足。除了拉面，这里还有乌冬、炒面、日式饺子、生鱼刺身等美食供应。

旅游资讯

- 4274 Boul St.-Laurent,Montréal
- 514-2863832
- www.ramen-ya.ca

Le Grand Comptoir

Le Grand Comptoir是一家在蒙特利尔有着20年历史的老店，主营法式菜。餐厅位于麦吉尔大学附近，装修非常温馨，推荐他家的Medium Rare牛排、图卢斯香肠和美味的沙拉。

旅游资讯

- 1225 Rue Du Square Phillips,Montreal
- 514-3933295
- www.globeater.com

Jukebox Burgers

Jukebox Burgers是蒙特利尔一家非常出名的汉堡店，他家的Poutine获得了好几次奖，这家餐厅也经常上报纸。每日都有最新鲜的肉制品进到店里，汉堡面包是每天早上新鲜烤制的，土豆都是精心切好的，这里的细节堪称完美。

旅游资讯

- 11798 Boulevard de Salaberry,Dollard-des-Ormeaux,Montreal
- 514-5423222
- www.jukeboxburgers.com

Leméac

这是当地一家装饰古典的法国餐厅，他家白天推出中规中矩的法国菜，到了夜晚，就摇身变成特色酒吧，吧台上一排排悬空倒挂的酒杯，在灯火下熠熠发光，配上红酒和美味的餐点，特色十足，一定不要错过。

旅游资讯

- 1045 Avenue Laurier O.,Outremont,Montreal
- 514-2700999
- restaurantlemeac.com

Toroli

Toroli是一家极其用心的小型餐厅，就连调料的勾纹以及菜品色泽的搭配都非常精致，提供绝对上等的肉质以及表面没有任何瑕疵的各种蔬菜水果。每一道菜的选材都经过了大厨的精心挑选，他家的味增汤和海鲜拼盘味道鲜美，菜品精致。

旅游资讯

- 421 Rue Marie-Anne,Montréal
- 514-2899292
- www.toroli.com

Quattro

这是一家意大利餐厅，提供纯正的意大利美食。推荐他家的意大利面、番茄酱、蘑菇烩饭、海鲜、新鲜的奶酪、白葡萄酒等。

旅游资讯

- 17 Rue Notre-Dame O.,Montréal
- 514-9032909
- ristorantequattro.com

蒙特利尔本地人爱去的购物地

本地人爱去的购物街

圣凯瑟琳大街

圣凯瑟琳大街（Saint Catherine Street）是蒙特利尔重要的4条商业大街之一，也是蒙特利尔当地人心目中最爱的大街之一。圣凯瑟琳大街西起西山区，东至Mercier-Hochelaga-Maisonneuve区，几乎横贯蒙特利尔岛。市中心的那一段有鳞次栉比的精品店、百货公司、餐馆、酒吧等，每年蒙特利尔还有许多大型节日在这里举行，热闹非凡。

旅游资讯

- Saint Catherine Street, Montréal

圣卡特琳娜大道

圣卡特琳娜大道（Rue Ste-Catherine）号称蒙特利尔的“第五大道”，自东北向西南贯穿整个城市，是蒙特利尔最繁华的街道，商业气息浓厚。街上有许多时髦的时装店和高大的百货公司，幸运的话，还能看到不少街头艺人在街上表演。除此之外，还有不少别致的小店，令人耳目一新。街道两旁还有许多美味的咖啡厅和餐馆，供人们享用。

旅游资讯

- Rue Sainte-Catherine, Montréal

本地人爱去的商场

伊顿购物中心

伊顿购物中心（Eaton Centre）是蒙特利尔最大的购物中心，入驻品牌超过200家，设有数间影院，其外观设计源自欧洲广场，每年近2600万游客来此购物。购物中心还连接地下城，底层设有大型美食广场，是一个综合性的购物中心。这里商品品种齐全，可以选择在此购买当地的特色商品。

旅游资讯

- 705 Rue Sainte-Catherine O.,Montréal
- 514-2883708
- 乘坐地铁1号线至McGill站下车即可
- 8:00～21:00
- www.centreeatondemontreal.com/en

Place Alexis Nihon

Place Alexis Nihon是超市、大卖场和餐饮一体化的大型商场。地处繁华的商贸地段，附近还有所学校，相当热闹。

旅游资讯

- 1500 Avenue Atwater, Montréal
- 514-9317337
- 乘坐地铁1号线至Atwater站下车即可
- www.alexisnihon.com

蒙特利尔地下城

蒙特利尔地下城（Montreal Underground City）是位于市中心附近地下的综合性商业中心。地下城总距离长达32公里，也同时与地铁、公交、火车相连，以玛丽城（Ville Marie）地区为源头，直到Bonaveneure地区。地下城内的商店琳琅满目，有书店、咖啡馆、餐厅、服饰店、精品店、面包店、超市等，地下城内部一年四季温度适宜，还可搭乘地铁随意游玩，十分便利。

旅游资讯

- 800 Rue de la Gauchetière O.,Montréal
- montrealundergroundcity.com

本地人爱去的市场

Atwater Market

Atwater Market公共市场位于商业区西南角，是一栋两层楼的建筑。户外的柜台上摆满了琳琅满目的货品，如新鲜的蔬菜、水果、鱼、肉以及各类调味料，且价格普遍较低。想要自己做饭的游客，这里是非常不错的食材购买地。

旅游资讯

- 138 Avenue Atwater,Montréal
- 514-9377754
- www.marchespublics-mtl.com/marches/atwater

勃斯古集市

勃斯古集市（Bonsecours Market）位于蒙特利尔旧城区，充满了时代气息，拥有新古典主义风格的优美外形，在历史上曾经是蒙特利尔最重要、最繁华的商业街。如今，原来的花市、蔬菜摊都已变成了新潮的时尚店铺，主要销售魁北克本地艺术品、工艺品和服装。感兴趣的游客不妨在这里逛逛，挑上一两件特色十足、品质精良的服饰作纪念品。

旅游资讯

- 350 Rue Saint Paul E., Montréal
- 514-8727730
- www.marchebonsecours.qc.ca/fr/index.html

蒙特利尔不花钱的娱乐活动

蒙特利尔的娱乐活动很多，一年四季，无论是白天还是夜晚，这里总是生机勃勃，热闹非凡。这里有蒙特利尔国际爵士音乐节、国际嬉笑节等众多节日，来到这里，一定要感受别样的生活气息。

不花钱的娱乐活动

蒙特利尔国际爵士音乐节

蒙特利尔国际爵士音乐节是北美地区最大的爵士音乐节，每年吸引200万人次参与，共有3000多名艺术家、600多场音乐会演出，其中一半都是免费的。每年在中心会场的艺术广场上都可以欣赏到各类的爵士盛宴，倾听那优雅的曲调，还可以随着节拍跳舞唱歌。

旅游资讯

- 6月28日至7月7日
- www.montrealjazzfest.com/default-en.aspx

蒙特利尔国际嬉笑节

蒙特利尔国际嬉笑节是全世界最大型的节日之一，始于1983年，如今已有30多年的历史，每年都会给人们带来无尽的幽默和乐趣。节日期间可以欣赏到来自全球19个国家和地区的近2000名幽默表演艺术家，通过杂技、活体雕塑等多种艺术形式来展示他们的幽默和表演。其中有众多免费的表演，一定会让你开怀大笑，沉浸在这无尽的乐趣中。

旅游资讯

蒙特利尔艺术广场
7月下旬

蒙特利尔冬令节

蒙特利尔冬令节是一个包含了表演艺术、烹调厨艺和户外活动的综合性节日。冬令节每年持续11天，期间会有上百场美食和品酒活动，喜欢音乐艺术的游客可以尽情畅玩。还有各类表演、展览、音乐会等你欣赏，那种狂野热情的艺术表演和户外活动绝对可以把冬日的寒冷驱赶殆尽。一年一度的节日美食更是不容错过的，想在冬令节上大快朵颐可得做好充分准备，避免美味与你擦肩而过。

旅游资讯

2月下旬

Chapter TWO
加拿大
草原区

埃德蒙顿

埃德蒙顿最优出行方案速查

机场到市区

埃德蒙顿国际机场（Edmonton International Airport）是一座服务于阿尔伯塔省埃德蒙顿市及周边地区的国际机场。坐落于埃德蒙顿市南，距市中心35公里，是加拿大最繁忙的机场之一。加拿大国内主要城市都有航班到达埃德蒙顿，从中国前往埃德蒙顿的游客可以在温哥华、多伦多转机。

埃德蒙顿国际机场信息	
地址	1000 Airport Rd.,Nisku
电话	780-8908900
网址/二维码	flyeia.com

机场至市区交通			
交通方式	介绍	票价	省钱攻略
机场巴士	机场巴士连接机场和市内的公交车站，每20分钟发车一班，到市区约需45分钟	单程车票13加元，往返20加元	—
出租车	乘出租车约30分钟到达市区	到市中心根据距离40～50加元	2人以上可以考虑打车

出行使用公共交通通票

埃德蒙顿公共交通通票

埃德蒙顿公共交通票可以分为票券和日通票、月通票。其中票券10张为24.75加元，可在埃德蒙顿市内的官方销售点购买。日通票9.25加元，允许1名成人和多达4名12岁及以下的儿童在一天内无限次乘坐公共交通；月通票91.5加元。

TIPS 关于埃德蒙顿公共交通通票的更多交通信息可参考www.edmonton.ca/edmonton-transit-system-ets.aspx官网了解。

埃德蒙顿玩点速览+线路推荐

玩点速览

怀特大道

怀特大道（Whyte Avenue）位于市中心，是埃德蒙顿最繁华的商业街之一，道路两边林立着各种商店、餐厅、酒吧、花卉等店铺，很多店铺装修得古朴精致，值得一逛。还可以在街边的咖啡馆里消遣时光，观赏街上新旧建筑交相辉映的美景，感受埃德蒙顿的历史文化和现代文化。

旅游资讯

- 82 Avenue NW.,Edmonton
- 780-4374182
- www.oldstrathcona.ca

阿尔伯塔大学

阿尔伯塔大学（University of Alberta）是加拿大第二所规模较大的大学，始建于1908年，是全加拿大五所最大的以科研为主的综合性大学之一，其科研水平居加拿大大学队伍的前列。校园内的各种设施十分完备，学术氛围浓厚，景色也很优美，在这里，还可以领略到美丽的河谷风光。校园内的拉瑟福德纪念馆（Rutherford House）是A.C.拉瑟福德的住宅，仍保留着当时维多利亚的风格，值得一看。

旅游资讯

- 116 St. & 85 Ave.,Edmonton
- 780-4923111
- www.ualberta.ca

阿尔伯塔省议会大楼

阿尔伯塔省议会大楼（Legislature Building）位于埃德蒙顿市区南部、北萨斯喀彻温河的前面，被称为“建筑史上的杰作”。这里曾经建有埃德蒙顿堡垒，是埃德蒙顿的发源地。这座5层楼的学院派风格建筑物，使用的大理石是从美国、意大利和加拿大魁北克这3个地方运来的，建造了5年时间才完成。建筑的中央是55米高的圆顶，内侧墙壁装饰有赤陶，非常有特色。

旅游资讯

- 10800 97 Ave. NW.,Edmonton
- 780-4272826
- www.assembly.ab.ca

埃德蒙顿堡公园

埃德蒙顿堡公园（Fort Edmonton Park）虽名为公园，但其是加拿大最大的历史博物馆。公园内记录着19世纪40年代到20世纪20年代埃德蒙顿的光辉历史，保存有完好的和复原的历史遗址，包括埃德蒙顿殖民时代毛皮中间商的住宅、教堂、马厩、印第安式房屋等。此外，公园内再现了1846～1920年的Jasper Ave.街景，包括面包房、药店、学校、报社等，让人有种穿越到19世纪的感觉。

旅游资讯

- 7000 143 Street,Edmonton
- 780-4967381
- 成人26.2加元，3～17岁儿童及青少年、65岁以上老年人20.9加元，家庭票（2名成人+4名儿童）95加元
- www.fortedmontonpark.ca

TIPS 埃德蒙顿堡公园内还有微型火车和马拉街车，可以乘坐小车欣赏沿街的历史建筑。这里的工作人员还会穿上不同年代的传统服饰向游人展示埃德蒙顿丰富的历史。

麋鹿岛国家公园

麋鹿岛国家公园（Elk Island National Park）位于埃德蒙顿以东35公里处，有100多年的历史，是典型的北部高原草原生态系统。它虽然是加拿大所有国家公园中规模较小的，但湖泊、池沼、森林密布，还有茂盛的植物、肥硕的水草，为野生动物提供了良好的生存环境。公园内不仅有麋鹿、红鹿、野牛等野生动物，还有保存完好的、濒临灭绝的大片白杨林。麋鹿岛国家公园非常适合游客在此进行徒步、露营、自驾、观赏野生动物等活动。

旅游资讯

- Elk Island National Park,Improvement District No. 13,Alberta
- 780-9225790
- 成人7.8加元，6～16岁青少年3.9加元，家庭票19.6加元
- www.pc.gc.ca/eng/pn-np/ab/elkisland/index.aspx

TIPS 对于爱好徒步的旅游者来说，来到这里千万不要忘记到Bison Loop Road步行小道上去走走，这是专门供游人徒步看野牛的小路。在这条小路上能更容易看到野牛家庭集体觅食和一些类似狼的动物，当然在其他地方也可以看到野牛。

丘吉尔广场

丘吉尔广场（Sir Winston Churchill Square）是埃德蒙顿的一个百年广场，位于埃德蒙顿市中心。广场上经常会举行婚礼、露天音乐会等活动，内部还有Epcor瀑布、Epcor剧场、戏水池、雕塑等。广场上的戏水池还能游泳，冬天则常被用作滑冰场。丘吉尔广场给人一种舒适、文艺的感觉，是个放松的好地方。

旅游资讯

- Sir Winston Churchill Square, Edmonton
- 780-9447740

阿尔伯塔省立美术馆

阿尔伯塔省立美术馆（Art Gallery of Alberta）是埃德蒙顿市历史最悠久的视觉艺术中心，也是阿尔伯塔省唯一一家致力于艺术和视觉文化的展览和保存的美术馆。美术馆共珍藏超过6000个视觉和文化艺术品，并举办了一系列当代和历史展览。游客可以徜徉在各类艺术作品中，享受艺术作品所散发的迷人光彩。

旅游资讯

- 2 Sir Winston Churchill Sq.,Edmonton
- 780-4226223
- 周二、周五至周日10:00～17:00，周三、周四10:00～20:00，周一不开放
- 成人9.38加元，学生和65岁以上老人6.38加元，6岁及以下儿童免费，家庭票（2名成人+4名儿童）19.88加元
- www.youraga.ca

DAY 1

怀特大道➡阿尔伯塔大学➡阿尔伯塔省议会大楼

怀特大道 / 漫步于怀特大道，闲逛各类精致的店铺

乘坐4路公交车至114 Street & 89 Avenue站下车，步行可到，全程约需27分钟

阿尔伯塔大学 / 感受校园浓郁的学术氛围，欣赏美丽的河谷风光

步行约30分钟

阿尔伯塔省议会大楼 / 欣赏别具特色的圆顶内部装饰

DAY 2

埃德蒙顿堡公园➡阿尔伯塔省立美术馆➡丘吉尔广场

埃德蒙顿堡公园 / 了解埃德蒙顿的光辉历史

乘坐4路公交车至South Campus Transit Centre Fort站下车，步行前往South Campus Ft Edmonton Station换乘501路公交车至Churchill Station站下即可，全程约41分钟

阿尔伯塔省立美术馆 / 参观各类艺术展览

步行约2分钟

丘吉尔广场 / 到百年广场上放松身心

埃德蒙顿高性价比住宿地推荐

埃德蒙顿住宿地一般在周末或是淡季会有很多折扣，不妨选择在这个时间前往，推荐住在西埃德蒙顿购物中心附近和怀特大道附近。

推荐原因	
地点	原因
西埃德蒙顿购物中心	周围交通便利，住宿选择地较多，且是世界著名的购物中心
怀特大道	位于市中心，交通便利，各种商业服务设施齐全

住宿地推荐

高性价比酒店推荐				
名称	地址/电话	网址	参考价格	亮点
Quality Inn 西埃德蒙顿酒店（Quality Inn West Edmonton）	17803 Stony Plain Rd.,Edmonton/780-4848000	www.qualityinnwestedmonton.com	大床客房132加元；行政大床房129加元	提供往返于埃德蒙顿国际机场的定点班车服务（收费），且距离西埃德蒙顿购物中心较近

续表

名称	地址/电话	网址	参考价格	亮点
北极光床和早餐酒店（Northern Lights Bed & Breakfast）	8216 151 St NW.,Edmonton/780-4831572	www.nlightsbnb.com	大床房100加元	酒店设有一个热水浴池和桑拿浴室，距离西埃德蒙顿购物中心较近，周围还有世界水上乐园、埃德蒙顿城堡公园等景点
阿盖尔广场酒店（Argyll Plaza Hotel）	9933 63 Ave NW.,Edmonton/780-4385876	www.argyllplazahotel.com	禁烟双床房99加元；双床房100加元；带厨房的双人间（禁烟）113加元；带厨房的双人间115加元	酒店客房配备微波炉和咖啡机，客人还可以使用健身中心和洗衣设施
南埃德蒙顿旅客之家酒店（Travelodge Edmonton South)	10320 45 Ave. NW.,Edmonton/780-4369770	www.wyndhamhotels.com/travelodge/edmonton-alberta/travelodge-edmonton-south/overview	标准大床房、双床房101加元	酒店设有室内泳池、水疗浴池及健身设备。除此之外，还设有商务中心，住客每天早上均可享用免费早餐

埃德蒙顿百里挑一的经济餐

寻找经济餐的好去处

埃德蒙顿聚集了世界各地美食，品种十分丰富。无论是西餐还是东方的美食苑，在这里都能找到。阿尔伯塔省的牛肉非常出名，埃德蒙顿自然也不例外，这里的牛肉厚实味美，值得品尝。

Duchess Bake Shop

这是当地著名的烘焙店，内设咖啡馆，并供应加拿大菜。他家的糕点非常可口，配上一杯浓郁的咖啡，用来消遣时光再合适不过了。

旅游资讯

- 10718 124 St. NW.,Edmonton
- 780-4884999
- duchessbakeshop.com

Normand's Restaurant

这是一家埃德蒙顿评价超高的餐厅，提供一些经典菜式，餐厅环境也非常不错。推荐他家的野生蘑菇汤、蚌、覆盆子果仁蛋糕。

旅游资讯

- 11639 Jasper Ave., Edmonton
- 780-4822600
- normands.com

Padmanadi Vegetarian Restaurant

Padmanadi Vegetarian Restaurant是一家中餐馆，提供亚洲料理，素食、纯素、不含麸质，供应午餐、晚餐和早午餐。他家的素食在当地很有名，喜欢素食的游客不要错过。

旅游资讯

- 10740 101 St. NW., Edmonton
- 780-4288899
- www.padmanadi.com

埃德蒙顿本地人爱去的购物地

本地人爱去的商场

西埃德蒙顿购物中心

西埃德蒙顿购物中心（West Edmonton Mall）是北美洲最大和全世界第五大的购物中心。商场里有巨大的室内娱乐城和水上乐园，还有多家影院及一个高尔夫球场，室内娱乐城中更是有号称世界规模第一的三环云霄飞车，还包括超过800家购物商店和20多家餐馆，能为每位顾客带来独一无二的购物和娱乐体验，是阿尔伯塔省首屈一指的旅游购物地。

旅游资讯

- 8882 170 St. NW.,Edmonton
- 780-4445321
- www.wem.ca

South Edmonton Common

South Edmonton Common是一个大型的购物中心，位于埃德蒙顿城南，购物中心包括 Best Buy、Future Shop、IKEA 和Walmar等上百家商店，价格较优惠，可以淘到不少外观、质量精良的商品。

旅游资讯

- 1978 99 St. NW.,Edmonton
- 587-7566400
- www.southedmontoncommon.com

Edmonton City Centre Mall

这家商场位于埃德蒙顿市中心，共4层的购物中心有150家商店，整个埃德蒙顿的各大连锁品牌在这里基本都可以找到。商场内部还有一家影评不错的电影院，在附近的美食街吃完、逛完后还可以在这看一场电影。

旅游资讯

- 10025 102A Ave., Edmonton
- edmontoncitycentre.com/home.index.1.html

埃德蒙顿不花钱的娱乐活动

埃德蒙顿是个娱乐节日众多的城市，来到这里，你可以尽情参与当地的各类特色节日，感受当地独有的节日氛围。

不花钱的娱乐活动

淘金节

节日期间，人们身穿淘金时代的服装在街上游行，热闹非凡。在埃德蒙顿广场还会表演杂耍、马戏，夜晚时分会燃放五彩缤纷的烟火，美丽耀眼，在此可以感受到节日带来的快乐氛围。

旅游资讯

每年8月底

银色滑冰节

银色滑冰节（Silver Skate Festival）是埃德蒙顿最古老的冬日节庆，是一个将运动、艺术、文化和休闲完美结合的节日。节日期间，每天都有许多精彩活动，其中有很大一部分是免费的，以供更多人参与。节日期间，游客可以漫步在白雪雕塑的公园，亲手尝试一下果酱冰壶，还可以为参加速滑赛的选手摇旗呐喊，当然也可以亲自穿上滑冰鞋来一段冰上华尔兹，体验滑冰的乐趣。

旅游资讯

每年2月（时间不定）

埃德蒙顿→贾斯珀

来回交通

乘火车

埃德蒙顿每天都有发往贾斯珀的火车，全程约5.5小时，票价90.3加元，可在官网reservia.viarail.ca查询订票。

乘长途巴士

从埃德蒙顿乘灰狗巴士前往贾斯珀，全程约5小时，可在灰狗巴士官网www.greyhound.com上查询订票。

自驾

贾斯珀距离埃德蒙顿约370公里，从埃德蒙顿自驾向西出行，约4个小时可以到达。

贾斯珀亮点速览

景 贾斯珀国家公园

贾斯珀国家公园（Jasper National Park）是加拿大最大的高山国家公园，位于落基山脉最北边。这里随处可见高耸入云的山峰，亘古至今的冰川和大面积的原始荒野，风景秀丽，环境优美，多种野生动植物生长其中。贾斯珀缆车为加拿大最长的缆车，游客可以乘坐缆车，欣赏周围群山以及阿萨巴斯卡河的壮丽景色。

旅游资讯

- Jasper,Alberta
- 780-8526176
- 成人9.8加元，65岁以上老人8.3加元，6~16岁儿童4.9加元
- www.pc.gc.ca/eng/pn-np/ab/jasper/index.aspx

景 马琳峡谷

马琳峡谷（Maligne Canyon）位于贾斯珀以南10分钟车程处，深度高达50多米，是落基山脉最壮观的峡谷之一。峡谷内空气清新，两侧多为垂直的峭壁，窄的地方仅几米宽。由于落差很大，水流湍急，峡谷内形成大大小小十多个瀑布，整个山谷水声轰鸣，令人惊心动魄。游客可以在峡谷内徒步，感受大自然的鬼斧神工。冬天来到这里，还可以体验有名的冰走峡谷活动。

旅游资讯

- Maligne Canyon,Jasper
- 888-7738888
- www.pc.gc.ca/eng/pn-np/ab/jasper/activ/explore-interets/canyon-Maligne.aspx

景 马琳湖

马琳湖（Maligne Lake）位于贾斯珀以南44公里处，是贾斯珀国家公园最大的天然湖。马琳湖长22公里，宽1公里，最深处达96米，湖周围有许多徒步线路供徒步爱好者穿行。 游客可以乘坐游船在风景如画的湖光山色中行驶，湖岸边是连绵起伏的雪山，和碧水蓝天的美景交相辉映，是地球上最适合拍照的地方之一。

旅游资讯

- Improvement District No.12,AB

温尼伯

温尼伯最优出行方案速查

机场到市区

温尼伯詹姆斯·阿姆斯特朗·理查森国际机场（Winnipeg James Armstrong Richardson International Airport）位于惠灵顿温尼伯大道西端，是加拿大第八繁忙的机场。机场每周都有多班飞温哥华、多伦多、卡尔加里的航班。

温尼伯詹姆斯·阿姆斯特朗·理查森国际机场信息	
地址	2000 Wellington Ave.,Winnipeg
电话	204-9879402
网址/二维码	www.waa.ca

机场至市区交通			
交通方式	介绍	票价	省钱攻略
机场巴士	机场巴士往返于机场和主要酒店、景点之间，运营时间5:50～12:49，公共汽车总站位于机场南端以外	2.65加元	可以购买票券或一周通票
出租车	出租车停靠在3号出口附近	到市中心根据距离约20～35加元	2人以上可以考虑打车

出行使用公共交通通票

温尼伯公共交通通票

温尼伯公共交通巴士票券起售为5张或10张，用券后每张2.3加元，可在温尼伯市的140多个零售店购买。另外，长期游玩的游客也可购买SuperPass（Mon-Sun Pass）即周票，可在一周内任意乘车不限次数，票价23加元，而月票Monthly Pass为88.55加元。

TIPS 更多交通信息可查询温尼伯交通局（Winnipeg Transit）官网了解。

winnipegtransit.com/en

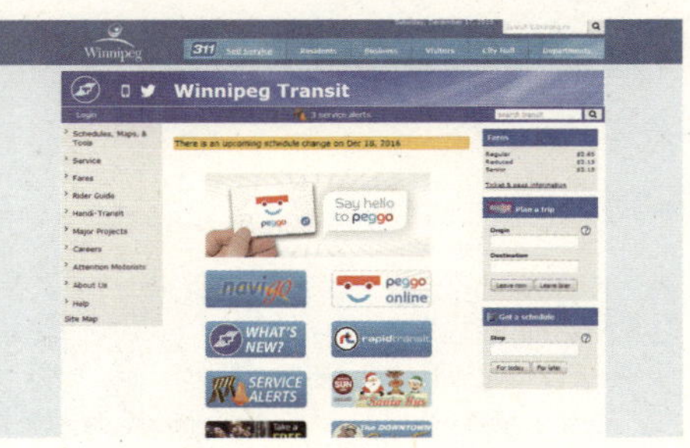

温尼伯玩点速览+线路推荐

玩点速览

福克斯市场

福克斯市场（The Forks Market）位于温尼伯市中心，原为原住民的居所，现在成为温尼伯的聚会场所。这里有不少商场、超市、手工艺品店铺，还有热闹的古董市场。这里每年都会举行丰富多彩的节日庆典活动，吸引大批游客前来观赏，十分热闹。另外，镇上美丽的花园和儿童游乐场一直也是不错的游览场所。

旅游资讯

- 位于市中心红河（Red River）和阿西尼博因河（Assiniboine River）的交界处
- 204-9577618
- 周一至周日7:00～21:00，周四、周五延迟到23:00
- www.theforks.com

马尼托巴省议会大楼

马尼托巴省议会大楼（Manitoba Legistlative Building）建设于20世纪初温尼伯繁荣期间，其独特的艺术设计、石灰石结构都使之成为温尼伯市区最重要的建筑之一。议会大楼圆顶顶端有一个狮身人面像，还有很多奇特的象征符号，据传这些都是当年共济会留下的杰作。游客可以和议会大楼上的金童（Golden boy）合影。

旅游资讯

- 450 Broadway,Winnipeg
- 204-9455813
- www.gov.mb.ca/mit/legtour/index.html

马尼托巴博物馆

马尼托巴博物馆（Manitoba Museum）之前名为“马尼托巴人类与自然博物馆”，位于温尼伯市内。博物馆建立于1965年，是马尼托巴省最大的博物馆，主要侧重于收集与自然相关的遗产。博物馆设有7个常设展厅：序厅、地球史厅、北极亚极带厅、北方森林厅、草原厅、无敌号帆船厅和城市厅，以及1个临时展厅和在1994年对外开放的温带草原厅。这里是加拿大第一个再现4.5亿年前海洋生物的博物馆，游客在这里可以追寻到4500万年前海底生命的遗迹，还能领略到17世纪在哈得逊湾探险的双桅帆船的风采。

旅游资讯

- 190 Rupert Ave.,Winnipeg
- 204-9562830
- 周二至周五10:00～16:00，周末11:00～17:00，周一关闭
- $ 联票18加元
- manitobamuseum.ca/main

温尼伯美术馆

温尼伯美术馆（Winnipeg Art Gallery）建筑外观像极了一艘船的船首，颇有设计感。馆内收藏有世界最大规模的因纽特人艺术品，除此之外，还收藏了5～20世纪欧洲和加拿大的艺术品、雕刻画和绘画作品等，而那些哥特式和文艺复兴时期的祭坛画和挂毯也格外受到关注。艺术馆内的商店还出售书籍、木质摆件等创意礼品，其中有一些礼品是独一无二的，可以买些送给朋友。

旅游资讯

300 Memorial Blvd, Winnipeg

204-786-6641

周二至周四11:00～17:00，周五11:00～21:00，周六、日11:00～17:00，周一闭馆；开放日期：维多利亚日、加拿大国庆节、August Civic Holiday、Labour Day、Remembrance Day（13:00-21:00）、圣诞节前夜（14:00闭馆）、Boxingday、元旦、Louis Riel Day、Easter；闭馆日期：复活节周一、加拿大劳动节、感恩节、圣诞节

$ 成人12加元，学生8加元，家庭票（2名大人＋4名儿童（18岁以下））28加元，5岁及以下儿童免费

wag.ca

TIPS 美术馆内最引人瞩目的是由因纽特艺术家Ruth Qaulluaryuk做的4张布头拼接而成的巨幅壁毯——冰原四季很值得观赏。

交易区

交易区（The Exchange District）位于温尼伯市中心，是名列加拿大历史文化名录的一处历史街区，由150多座历史悠久的建筑组成，是整个温尼伯最有韵味的地方之一。在这些古老的建筑里，挤满了餐厅、精品店和艺术画廊，这些和街头熙攘的人群一起，构成了温尼伯最特别的场景。此外，在King St.街和Bannantyne Ave.大道交界处的旧市场广场（Old Market Square），在夏天的周末一般会有跳蚤市场或者现场音乐演出。

旅游资讯

133 Albert St.,Winnipeg

204-9426716

www.exchangedistrict.org

艾斯尼宝动物园

艾斯尼宝动物园（Assiniboine Park Zoo）坐落于温尼伯市的艾斯尼宝公园内，成立于1904年，是北美唯一的生活着一对亚洲狮的公园。这对亚洲狮兄弟出生于2010年，从德国远道而来，成为动物园的明星动物。动物园生活着200多种、超过2000多只动物，从世界各处寒带来的动物是其中最受欢迎的。在这里，游客还可以近距离接触动物，拉近与动物之间的关系。

旅游资讯

- 55 Pavilion Crescent,Winnipeg
- 204-9276000
- 9:00～16:00
- 成人19.75加元，13～17岁青少年和60岁及以上老人17.5加元，3～12岁儿童10.5加元，3岁以下儿童免费
- www.assiniboinepark.ca

TIPS 每年的春末秋初，动物园还是观赏翩翩起舞的蝴蝶的最佳地点，各色的蝴蝶在蝴蝶园内飘舞，色彩艳丽，楚楚动人。

线路推荐

DAY 1

福克斯市场➡温尼伯美术馆➡艾斯尼宝动物园

福克斯市场 / 到手工艺品店铺淘宝

步行25分钟

温尼伯美术馆 / 观赏因纽特人的艺术品

乘坐21路公交车至Westbound Portage at Overdale站下车，步行可到，全程约26分钟

艾斯尼宝动物园 / 近距离接触动物，拉近与它们之间的距离

温尼伯高性价比住宿地推荐

温尼伯的住宿选择并不是很多，来这里旅游前，可以提前在相关网站上预订住宿旅馆或酒店。推荐住在温尼伯艺术馆和交易区附近。

推荐原因	
地点	原因
温尼伯艺术馆	周围住宿选择较多，交通便利，去各景点游玩十分方便
交易区	交通便利，周围购物中心较多，吃、住选择性较大

住宿地推荐

高性价比酒店推荐				
名称	地址/电话	网址	参考价格	亮点
温尼伯市中心酒店（UWinnipeg Downtown Accommodations）	370 Langside St.,Winnipeg/204-7891486	uwhostel.com	大床房117加元	酒店坐落在温尼伯大学（The University of Winnipeg）的Furby-Langside校区内，交通便利。距离Rice金融中心和温尼伯美术馆（Winnipeg Art Gallery）仅短短5分钟的步行路程
皇家广场酒店（Hotel Royal Plaza）	330 Kennedy St.,Winnipeg/204-7833000	www.hotelroyalplaza.ca	大床房113加元；双床房125加元	酒店的公共休息室提供有线电视、书籍以及各种游戏桌，如桌上足球、乒乓球和桌球等。离Portage Place Mall购物中心和温尼伯大学（University of Winnipeg）均有不到500米路程

续表

名称	地址/电话	网址	参考价格	亮点
马尔堡酒店（The Marlborough Hotel）	331 Smith St.,Winnipeg/204-9426411	www.themarlborough.ca	标准大床房99加元；标准双床房（最多可住3人）111加元；高级大床房和高级双床房105加元；高级双床房（最多可入住3人）117加元；商务大床房和行政大床房111加元	酒店内部设有游泳池、滑水道和SPA澡盆等众多服务设施，距离交易区和旧市场广场较近

高性价比宾馆/旅舍推荐				
名称	地址/电话	网址	参考价格	亮点
温尼伯伊克诺宾馆（Econo Lodge Winnipeg）	690 Notre Dame Ave., Winnipeg/204-2557100	www.choicehotels.ca/en/econo-lodge-winnipeg-hotel-cn762?promo=gglocalcaen	标准双床房114加元；行政双床房（禁烟）123加元	位于温尼伯的市中心，交通便利，距离健康科学中心和众多餐厅及购物场所仅数分钟路程。所有客房均配有迷你冰箱、微波炉等设施

续表

名称	地址/电话	网址	参考价格	亮点
温尼伯经济型汽车旅馆（Winnipeg Thriftlodge）	1400 Notre Dame Avenue,Winnipeg/204-7863471	www.wyndhamhotels.com	大床房89加元；豪华双床房99加元	房间内另备有书桌、冰箱、微波炉和煮茶/咖啡机等，另外熨衣设备能够满足旅途中的额外需求
由美子之家住宿加早餐旅馆（Yumiko's House）	551 St Jean Baptiste St., Winnipeg (Manitoba)/204-2948272	—	单人间共用卫浴59加元	位于交易区附近，距离福克斯市场较近
诺伍德住宿加早餐旅馆（Norwood Bed & Breakfast）	117 Monck Ave.,Winnipeg (Manitoba)/204-8996910	—	单人间共用卫浴59加元	旅馆距离福克斯市场、温尼伯会展中心较近

温尼伯百里挑一的经济餐

寻找经济餐的好去处

温尼伯虽没有当地的特色美食，但这里的餐厅选择性却很多。不仅有加拿大的特色，也有许多其他国家的美食。游客到这里游玩，完全不用担心吃的问题。

Earls

餐厅位于VIA车站附近，是一家咖啡馆式餐厅，内部装饰有绿白相间的长条纹，让人感觉清新舒适，餐厅还有露天座位，在当地很受欢迎。推荐他家的意大利面、比萨等美食。

旅游资讯

- 191 Main St.,Winnipeg
- 204-9890103
- earls.ca

Fergies Fish and Chips

这家餐厅是温尼伯一家提供加拿大传统菜式和海鲜料理的平价餐厅，价格合理，他家的鱼很新鲜，一定要来尝尝，另外，炸薯条和酱料搭配在一起也非常美味。

旅游资讯

- 1 Forks Market Rd.,Winnipeg
- 204-9429444
- www.fergiesfishandchips.ca

V.J.'s Drive Inn

V.J.'s Drive Inn是当地人气比较高的一家餐厅，位于温尼伯火车站对面，非常好找。这里提供传统的汉堡，味道正宗且价格合理。他家的炸薯条和奶昔也非常受欢迎。

旅游资讯

- 170 Main St.,Winnipeg
- 204-9432655

Za Pizza Bistro

这是温尼伯一家比萨小酒馆，主要提供各类比萨和意餐。在这里，你可以选择比萨上搭配不同种类的奶酪、蔬菜配料等。而且他家的比萨皮很薄，香嫩爽口，你一定会爱上它的。

旅游资讯

- 1220 St. Mary's Rd. E.,Winnipeg
- 204-6150808
- www.zapizzabistro.com/index.html

温尼伯本地人爱去的购物地

本地人爱去的商场

Garden City Shopping Centre

Garden City Shopping Centre拥有40多年历史，购物中心还扩展美食广场区域、卫生间和休息区，预计将在2018年的春天完工。所以施工均在夜间进行，不耽误想要在此购物的游客。

旅游资讯

- 2305 McPhillips St.,Winnipeg
- 204-3387076
- www.shopgardencity.ca/Home.aspx

Polo Park

Polo Park是温尼伯的大型购物中心，每年节日期间，都会有很多打折商品出售，很受温尼伯当地人欢迎，想要购物的游客们也可以来这里，它几乎囊括了你想要的所有种类的服饰商品。

旅游资讯

- 1485 Portage Ave.,Winnipeg
- 204-7842500
- www.cfshops.com/polo-park.html

温尼伯不花钱的娱乐活动

温尼伯的娱乐活动并不多，但是节日氛围还是非常不错的。每年的旅行者节和温尼伯多元文化节期间，都会举行各种活动，非常热闹。

不花钱的娱乐活动

旅行者节

旅行者节（Festival du Voyageur）是加拿大西部最盛大的冬季节庆，也是一个拥有法式风情的加拿大节庆。节日长达10天，期间舞蹈和音乐庆典日夜不休。在这里，游客可以欣赏到超过300场的音乐表演、宏伟雪雕、手工艺品和Governor’s Ball音乐节，还能品尝到当地的传统菜肴。

旅游资讯

- 每年2月

温尼伯多元文化节

温尼伯多元文化节是世界上最大型、存在时间最久的多元文化节。节日期间，全市的主要大街上排列着不同民族的展厅，每个展厅都举办者各个民族独特的活动。在这个节庆中，你可以找到超过40种文化的典型代表，还可以观看娱乐表演、手工艺品展览以及参加试餐会等。

旅游资讯

- 每年8月上旬

里贾纳

里贾纳最优出行方案速查

机场到市区

里贾纳机场（Regina International Airport）是加拿大萨斯喀彻温省的国际机场，位于里贾纳市的西南部。主要飞温哥华、卡尔加里等国内航线。

里贾纳机场信息	
地址	5201 Regina Ave.,Regina
电话	306-7617550
网址/二维码	www.yqr.ca

TIPS 里贾纳机场至市区较近，可以乘出租车前往，价格15～20加元。

出行使用公共交通通票

里贾纳公共交通通票

里贾纳公交单程车票3.1加元，可以在1个小时之内免费换乘。也可以购买票券，一般10张、20张一起出售，20张票券25加元。月卡83加元。

TIPS 在 Student Union售卖公交车票窗口旁边的架子上，一般有很多可以免费取阅的宣传册，里面会有公交线路图可以了解。

更多交通信息可查询里贾纳旅游局tourismregina.com官网了解。

里贾纳玩点速览+线路推荐

玩点速览

瓦斯卡纳中心

瓦斯卡纳中心（Wascana Center）位于市中心南面，周围环绕着瓦斯卡纳湖（WascanaLake）一大片湿地。其曾是平原上流过的一条小河，后经人工开凿成湖泊，并修饰以绿地，最终成为绿意盎然的公园。公园的面积非常大，包括人工湖、省议会大厦、博物馆、美术馆、里贾纳大学及一些行政、文化设施，是人们休闲度假的好去处。

旅游资讯

- 2900 Wascana Dr.,Regina
- 306-7777000
- wascana.ca

萨斯喀彻温省议会大厦

萨斯喀彻温省议会大厦（Saskatchewan Legislature Building）是一栋耸立在瓦斯卡纳湖畔的哥特式建筑，建成于1912年，内部装修以大理石为主材料，富丽堂皇。在议会室内，还铺着红色的地毯。议会大厦开放时间内，会有免费的导游带领游客观光。

旅游资讯

- 2405 Legislative Dr.,Regina
- 306-7875357
- 9月6日至次年5月19日8:00～17:00（中午12:00～13:00关闭），5月20日至9月4日8:00～21:00，具体时间参看官网
- www.legassembly.sk.ca

萨斯喀彻温皇家博物馆博

萨斯喀彻温皇家博物馆（Royal Saskatchewan Museum）建于1906年，是萨斯喀彻温省的省立博物馆，也是加拿大草原诸省的第一个省立博物馆。博物馆以里贾纳为中心，以时间先后为序分设多个展馆，分为生命科学展馆、原住民展馆、地球科学展馆、巡回展馆等，游客可看到多种动物和原住民的模型，还可以了解萨斯喀彻温省的自然、历史和原住民文化。

旅游资讯

- 2445 Albert St.,Regina
- 306-7872815
- 9:30～17:00
- www.royalsaskmuseum.ca

RCMP 遗产中心

RCMP 遗产中心（RCMP Heritage Centre）即加拿大皇家骑警博物馆（Royal Canadian Mounted Police Centennial Museum），是享誉世界的官方博物馆，记载了加拿大政体的传统以及自1873年以来的历史。在此还可观看世界上顶级的警察训练场景，并切身感受这里严格的军事化氛围。这些骑警身着亮红色的制服，在世界有着很高的知名度。

旅游资讯

- 5907 Dewdney Avenue,Regina
- 306-5227333
- 11:00～17:00，纪念日、圣诞节、节礼日、耶稣受难日闭馆
- $ 成人10加元，6～17岁儿童6加元，5岁及以下儿童免费
- rcmphc.com

线路推荐

DAY 1

瓦斯卡纳中心➡萨斯喀彻温省议会大厦➡萨斯喀彻温皇家博物馆

瓦斯卡纳中心 / 漫步在园内，欣赏绿意盎然、一片生机勃勃的景致

步行11分钟

萨斯喀彻温省议会大厦 / 观赏大厦内部的艺术作品

步行12分钟

萨斯喀彻温皇家博物馆 / 了解萨斯喀彻温省的自然历史和原住民文化

里贾纳高性价比住宿地推荐

里贾纳的住宿选择并不是很多，多数集中在市中心及其周边，可以选择住在萨斯喀彻温皇家博物馆附近。

推荐原因	
地点	原因
萨斯喀彻温皇家博物馆	位于市中心，交通便利，周围购物中心较多，吃、住选择性较大

住宿地推荐

高性价比酒店推荐				
名称	地址/电话	网址	参考价格	亮点
里贾纳旅游酒店和会议中心（Travelodge Hotel and Conference Centre Regina）	4177 Albert Street South, Regina/306-5863443	www.wyndhamhotels.com	禁烟特大号床和禁烟双床房140加元	酒店提供用餐区、酒吧、送餐服务，所有客房里都有保险柜和书桌，并有冰箱、微波炉和煮茶/咖啡机

续表

名称	地址/电话	网址	参考价格	亮点
城堡瑞吉宜纳酒店和套房（Chateau Regina Hotel and Suites）	1110 Victoria Ave. E.,Regina/306-5650455	www.chateaureginahotel.com	标准双人间107加元	酒店为客人提供健身中心设施作为健身休闲项目，且距离萨斯喀彻温皇家博物馆较近

高性价比宾馆/旅舍推荐				
名称	地址	网址	参考价格	亮点
城市中心宾馆（City Centre Guesthouse）	2220 Lorne St.,Regina/306-5816811	—	标准大床房68加元；家庭双床房102加元	宾馆位于里贾纳市中心地段，交通便利，所有客房均提供硬木地板、休息区、书桌、沏茶/咖啡设施
文欣住宿加早餐旅馆（Wenxin B&B）	2230 Rose Street, Regina/306-5965988	www.wenxinbnb.ca	大床房共用浴室71加元；家庭房88加元	旅馆位于里贾纳市中心，步行5～7分钟可以到达里贾纳最繁华的市中心街道11街、12街，那里有该市最大型的商场Cornwall Centre和周边许多销售不同商品的专卖店

萨斯喀彻温省议会大厦

里贾纳百里挑一的经济餐

寻找经济餐的好去处

里贾纳的餐厅多集中在维多利亚公园周边，各类餐厅品种齐全。在这里，一定会找到符合预算和口味的餐厅。另外，这里也有许多美味的中餐馆，可以来尝尝。

Peking House

这是里贾纳一家环境幽雅的中餐厅，服务优良，且价格合理，有多种多样的中国食品供客人选择。他家食物主要包括馄饨、酸辣汤、生姜牛肉和鸡肉、干大蒜排骨、杏仁鸡、胡椒鸡等，北京烤鸭、咖喱鱼和各种炒饭不容错过。

旅游资讯

- 1850 Rose St.,Regina
- 306-7573038
- www.pekinghouse.ca

Crave Kitchen & Wine Bar

这是一家面朝维多利亚大街的3层餐厅，餐厅建于1912年。在这里，你可以品尝到80多种美味的葡萄酒和意大利风味的小食料理。

旅游资讯

- 1925 Victoria Ave.,Regina
- 306-5258777
- www.cravekwb.com

Four Seas Restaurant

Four Seas Restaurant有着舒适的装饰，干净整洁，服务热情。来此可以在他家宽屏电视前边吃边观看比赛。推荐猪肉碎茄子和碎猪肉炒豆角，另外，沙爹牛肉、炸鸡球、糖醋猪肉、蛋卷等也很美味。

旅游资讯

- 1779 Rose St.,Regina
- 306-5221818

里贾纳本地人爱去的购物地

本地人爱去的商场

Cornwall Centre

Cornwall Centre位于维多利亚公园北侧，是里贾纳最大的购物中心，这个购物中心占地面积达3个街区，内部包含100多个百货商店在内的店铺。在这里，你可以买到任何你想要的商品。

旅游资讯

- 2102 11th Ave.,Regina
- 306-5251301
- 周一至周五9:30～21:00，周六9:30～18:00，周日11:00～17:30
- www.cornwallcentre.ca

本地人爱去的市场

Farmers' Market

Farmers' Market是里贾纳的大型农产品市场，内部不仅有新鲜的瓜果蔬菜，还有许多当地特色的手工艺品和美味的烘焙食品。来到这里，你不仅能填饱你的肚子，还可以淘到一些喜爱的商品。

旅游资讯

- 2065 Hamilton St.,Regina
- 306-5011363
- 每周六9:00～13:00
- reginafarmersmarket.ca

卡尔加里

卡尔加里最优出行方案速查

机场到市区

卡尔加里国际机场（Calgary International Airport）坐落于卡尔加里市东北部，距市中心17公里，是加拿大最繁忙的机场之一。目前，从中国直飞卡尔加里的城市只有北京，也可以从温哥华、多伦多转机过来。

卡尔加里国际机场信息	
地址	2000 Airport Rd. NE.,Calgary
电话	403-7351200
网址/二维码	www.yyc.com

机场至市区交通			
交通方式	介绍	票价	省钱攻略
机场班车	机场班车往返于机场和市中心商业区之间，每30分钟一班，可以在抵达层的5门和12门柜台处购买车票	单程成人15加元，4～12岁儿童10加元	—
公交车	公交车100路、300路、430路在机场和市中心地区之间运行	100路、430路成人3.25加元，5岁及以下儿童免费；300路10加元	可以购买1日通票
出租车	出租车停靠在机场候机楼的到港区，出租车可以容纳最多5个成年乘客	到市中心根据距离约40～50加元	2人以上可以考虑打车

出行使用公共交通通票

卡尔加里公共交通通票

卡尔加里公共交通通票分为1日通票和月通票，1日通票成人10加元，6～17岁青少年7加元，可以从购买时起到当天结束期间任意乘车。月通票成人101加元，6～17岁青少年65加元。通票可以在自动售票机或各大便利店、轻轨站购买。

TIPS 更多信息可以在卡尔加里公交官网上查询，官网详情见第二章优惠高效的公共交通。

卡尔加里玩点速览+线路推荐

玩点速览

卡尔加里塔

卡尔加里塔（Calgary Tower）是卡尔加里的标志性建筑物。建于1967年，塔高191米，在卡尔加里的任何一个地方抬头都能看到。卡尔加里塔从塔底到最顶层共有762级阶梯，塔的最顶端有全景视觉的旋转餐厅，可以鸟瞰卡尔加里全市美景。塔内底层大厅的墙面上陈列着世界各地著名高塔的全景照片，以及所在地时区时间的大钟。

旅游资讯

- 101 9th Avenue SW.,Calgary
- 403-2667171
- 搭乘轻轨前往，在中央街站下车即可
- 7、8月9:00～22:00，9月至次年6月9:00～21:00，圣诞节期间不开放
- 成人18加元，65岁以上老人16加元，4～12岁儿童9加元，4岁以下儿童免费
- www.calgarytower.com

TIPS 卡尔加里塔在160米高处有一处透明地板的瞭望台，天气晴朗时可以清楚地看到西面雄伟的落基山脉。从塔的玻璃地板向下望去，可以看到高楼林立的市中心，非常刺激。

加拿大奥林匹克公园

加拿大奥林匹克公园（Canada Olympic Park）原是1998年冬季奥林匹克运动会的主会场，位于卡尔加里西北郊外，占地面积达95万平方米。公园内设有滑雪跳台、雪橇、自由式滑雪，以及残障者比赛等项目。公园一年四季都提供各种不同的活动来吸引游客，夏天，可以在公园内骑山地车欣赏美景，到了冬天，由于拥有造雪机，可以更早地享受滑雪的乐趣。

旅游资讯

- 88 Canada Olympic Rd., SW
- 403-2475452
- www.winsport.ca

TIPS 游客还可以参观奥林匹克名人堂（Olympic Hall of Fame），它是北美最大的奥林匹克名人堂。在那里游客可以看到有关冬季奥林匹克的录像和展示品。同时这里还有加拿大唯一的奥林匹克长撬雪撬滑雪道。来此也别忘了乘坐观光缆车到卡尔加里的最高点——Ski Jump Complex最顶端体验一下。

卡尔加里动物园

卡尔加里动物园（Calgary Zoo）位于市中心的东侧、鲍河中的圣乔治亚岛的对面，建立于1929年，是全北美十大动物园之一，同时也是加拿大第二大动物园。动物园尤其以濒临绝种的野生动物的复育计划著称，游客可以参观非洲区加拿大唯一的水下河马观察池、植物园、史前公园和一个可以安全观赏北美灰熊、美洲狮和许多其他哺乳动物以及加拿大当地鸟类的荒野地区。

旅游资讯

- 1300 Zoo Rd. NE.,Calgary
- 403-2329300
- 9:00～17:00
- 成人23加元，60岁以上老人21加元，3～15岁儿童15加元，3岁以下儿童免费
- www.calgaryzoo.com

格伦堡博物馆

格伦堡博物馆（Glenbow Museum）位于紧靠卡尔加里塔东面的一栋楼里。一层主要展示加拿大西部的整个历史；二层是东方美术的艺术画廊和特别展厅；三层为民族学展厅，其中一半展示的是从皮毛商人到现代的加拿大欧洲移民的历史，另一半展示的是与印第安原住民各民族集团有关的内容；四层主要展示军用、战士装备、矿业等。

旅游资讯

- 130 9th Ave. SE.,Calgary
- 403-2684100
- 周二至周六9:00～17:00，周日12:00～17:00，周一不开放
- 成人16加元，65岁以上老人11加元，7～17岁儿童10加元，6岁及以下儿童免费，家庭票（2名成人+4名儿童）40加元
- www.glenbow.org

民俗公园历史村

民俗公园历史村（Heritage Park Historical Village）位于卡尔加里市区西南边的格伦牟水库（Glenmore Reservoir）旁，是加拿大最大的活历史村。村内有150多栋从加拿大西部各遗址迁过来的历史性建筑，是卡尔加里市最受欢迎的旅游景点之一。历史村内有21世纪初期的邮局、面包店、木质教堂、学校、饭店、打铁屋等，重现了昔日新开拓城镇村的面貌，入口处还有昔日穿越落基山脉及Selkirk山的Selkirk型5934号的蒸汽火车头。

旅游资讯

- 1900 Heritage Dr. SW.,Calgary
- 403-2688500
- www.heritagepark.ca

鱼溪省立公园

鱼溪省立公园（Fish Creek Provincial Park）是加拿大最大的城市公园，也是很多动物和鸟类的庇护所。公园内只有原生的树丛与草原，完全没有任何人工娱乐设施。游客可以在园内骑单车游玩或在此野餐，还能看到许多野生动物如小鹿和水狸。公园东侧是弓谷牧场游客中心，展示着原住民在此生活了8000年的历史记录以及公园地质与生态。

旅游资讯

- 15979 Bow Bottom Trail SE.,Calgary
- 403-2975293
- 乘坐轻轨在Fish Creek-Lacombe站下车即可
- www.albertaparks.ca/fish-creek.aspx

牛仔竞技公园

牛仔竞技公园（Stampede Park）位于卡尔加里市区南边，每年7月初这里都会举行卡尔加里牛仔竞技大赛。此外，园内每年还有拖轮车和纯种马竞赛等各种活动。公园内还有一座名为粮食科学院（The Grain Academy）的博物馆，借着模型与展示品，讲述着阿尔伯达省的农业史。

旅游资讯

- 1410 Olympic Way SE., Calgary
- 403-2610101
- www.calgarystampede.com

TIPS 园内的农业大楼，全年不时有贸易展或其他各种展览，有时展览也会在公园内举行。公园还提供多家餐厅，种类繁多，可以选择一家你喜欢的来品尝美食。

王子岛公园

王子岛公园（Prince's Island Park）位于卡尔加里市中心以北，是鲍河上的一座小岛。公园内设有人行桥可通向河流两岸，还提供全年休闲娱乐活动，如独木舟、野餐、室外庆祝、滑冰、越野滑雪等，是卡尔加里炎热夏日里的避暑胜地。

旅游资讯

- 698 Eau Claire Ave. SW.,Calgary
- 403-2682489
- 乘坐轻轨在4th Street SW站下车即可
- www.calgary.ca/CSPS/Parks/Pages/Locations/Downtown-parks/Princes-Island-Park.aspx

线路推荐

DAY 1

卡尔加里塔→格伦堡博物馆→卡尔加里动物园

卡尔加里塔 / 俯瞰卡尔加里全市美景

步行约3分钟

格伦堡博物馆 / 了解加拿大的西部历史

乘坐公交车202路至EB Zoo CTrain Station站下车，步行可到，全程约9分钟

卡尔加里动物园 / 参观各类珍稀动物

DAY 2

鱼溪省立公园→民俗公园历史村

鱼溪省立公园 / 漫步在公园内，与许多野生动物偶遇

乘出租车前往约20分钟

民俗公园历史村 / 游览加拿大最大的历史村

卡尔加里高性价比住宿地推荐

卡尔加里是一个商业大都市，拥有很多的住宿地。在这里，你可以找到各类中低档适合穷游一族的住宿地。推荐住在卡尔加里塔和卡尔加里动物园附近。

推荐原因	
地点	原因
卡尔加里塔	周围住宿选择较多，交通便利，购物方便
卡尔加里动物园	周围交通便利，景点较多，吃、住都很方便

住宿地推荐

高性价比酒店推荐				
名称	地址/电话	网址	参考价格	亮点
卡尔加里机场福朋喜来登酒店（Four Points by Sheraton Calgary Airport）	2875 Sunridge Way NE, Calgary/403-6483180	www.fourpointscalgaryairport.ca	标准双床房和标准大床房123加元	酒店位于卡尔加里机场附近，服务、环境优良，距离卡尔加里动物园较近
卡尔加里市中心华美达酒店（Ramada Hotel Downtown Calgary）	708 8 Ave. SW.,Calgary/403-8791781	—	标准双床房113加元；商务大床房123加元	酒店位于卡尔加里市中心，交通便利，内部提供衣帽寄存和保险柜，还有餐厅、用餐区、早餐厅、咖啡厅和酒吧等设施

续表

名称	地址/电话	网址	参考价格	亮点
Clarion Hotel and Conference Centre	2120 16 Ave.NE.,Calgary/403-2914666	www.choicehotels.ca/en/clarion-hotel-&-conference-centre-calgary-hotel-cna28?promo=gglocalcaen	标准房88加元	酒店提供免费24小时机场交通、泳池、健身中心、会议空间和酒店内餐饮，距离卡尔加里动物园较近

高性价比宾馆/旅舍推荐				
名称	地址/电话	网址	参考价格	亮点
卡尔加里沃克旅馆（Wicked Hostels - Calgary）	1505 Macleod Trail SE.,Calgary/403-2658777	www.wickedhostel.com	8床混合宿舍1个床位和女生宿舍1个床位38加元；6床混合宿舍1个床位40加元；4床混合宿舍1个床位43加元；大床房98加元	旅馆坐落在卡尔加里牛仔节（Calgary Stampede）街道对面，每天早晨供应丰盛的免费早餐，距离CORE Shopping Centre购物中心和卡尔加里塔较近
卡尔加里市中心国际青年旅舍（HI-Calgary City Centre Hostels）	520 7 Avenue Southeast,Calgary/778-3282220	www.hihostels.ca/westerncanada/354/HI-Calgary_City_Centre.hostel	经济6床男性宿舍1个床位40加元；6床混合宿舍1个床位、6床女性宿舍1个床位和6床男性宿舍1个床位42加元；大床房122加元	旅舍提供免费早餐，全天供应茶和咖啡，还设有便利的客用厨房，距离卡尔加里塔较近

卡尔加里百里挑一的经济餐

寻找经济餐的好去处

卡尔加里的美食云集了世界各地的口味，餐厅也非常多，在市中心的主要大街上都分布着许多餐馆。当地的本土名吃是牛肉蘸（Beef Dip），这是一种把薄片的烤牛肉夹在长条面包里，蘸着一种经过油炸制成的料汁一起吃，十分美味。

Pigeon Hole

Pigeon Hole被评为加拿大最佳新餐厅，是卡尔加里吃货必去的餐厅。餐厅的菜品都是小份，可以点更多菜品品尝，适合情侣在此浪漫约会。推荐他家的墨西哥辣椒奶油烤蔬菜，味道超赞，不要错过哦！

旅游资讯

- 306 17 Ave. SW., Calgary
- 403-4524694
- pigeonholeyyc.ca

Buzzards Restaurant & Bar

这是一家装修充满西部风味装饰风格的酒吧餐厅，内部还有十加仑帽和西部长筒皮靴，非常有格调。餐厅提供阿尔伯塔牛排、布法罗牛排等美味主菜，独创的啤酒也非常值得品尝。

旅游资讯

- 140 10 Ave. SW., Calgary
- 403-2646959
- bottlescrewbill.com

KABUKU Downtown

KABUKU Downtown是一家很受欢迎的日本料理店，餐厅位于卡尔加里市中心，提供各类寿司美食。推荐他家的香辣北极贝、鳄梨和用金枪鱼特制的山葵菜寿司。

旅游资讯

- 414 3 St. SW.103, Calgary
- 403-2378884
- www.kabuku.ca

La Brezza Ristorante

La Brezza Ristorante是一家位于地下的意大利餐厅，提供纯正的意大利美食，餐厅内部装饰精美，环境幽雅。在这里，吃着美味的食物，听着经典的音乐，喝着爽口的碑酒，绝对是一种享受。

旅游资讯

- 990 1 Ave. NE., Calgary
- 403-2626230
- labrezza.ca

卡尔加里本地人爱去的购物地

本地人爱去的购物街

斯蒂芬大街

斯蒂芬大街（Stephen Ave）占据着卡尔加里4个街区，是步行者的天堂。这里汇集了160多家商店，拥有很多商品，包括独家发行的时装、饰品和各种生活用品，在城中的任何一个地方都无法买到这么齐全的商品。来到这里你可以去The CORE畅快淋漓地“血拼”一把。

旅游资讯

- 324 8th Avenue Southwest, Calgary
- 403-4414940
- www.coreshopping.ca

本地人爱去的商场

切努克中心

切努克中心（Chinook Centre）是卡尔加里最大的集购物、餐饮、娱乐为一体的综合商城。这里拥有超过250家店铺，许多世界顶级品牌和独特单品在卡尔加里都是独一无二的。三大主要商场、众多旗舰店、专卖店在此均能找到。

旅游资讯

- 6455 Macleod Tr. S.W.,Calgary
- 403-2592022
- www.cfshops.com/chinook-centre.html

十字铁磨奥特莱斯

十字铁磨奥特莱斯（Cross Iron Mills Outlet）是卡尔加里最新的奥特莱斯购物中心，也是集大型专营店和优质品牌零售为一体的综合商城。这里汇集了17家大型商铺，以及超过200家高端品牌折扣店，包括购物区、儿童游乐区、电影院和餐饮区。在这里，你一定可以买到折扣最大的衣物。另外，商城装饰主题采用阿尔伯塔省的风格，独具特色。

旅游资讯

- 261055 Crossiron Blvd,Rocky View No. 44
- 403-9846800
- 9:00 ~ 22:00
- www.crossironmills.com

本地人爱去的市场

欧克莱尔市场

欧克莱尔市场（Eau Claire market）位于一栋色彩鲜艳的仓库内，与周围闹市区的办公楼形成鲜明对比。市场上出售各种美食、当代艺术品，并有电影院、咖啡馆、餐馆等商业设施，运气好的话还能看到街头艺人的精彩表演，是个休闲娱乐的好地方。在这里游逛完后，还可顺着步行道直达王子岛公园。

旅游资讯

- 200 Barclay Parade SW. 202,Calgary
- 403-2646450
- www.eauclairemarket.com

卡尔加里不花钱的娱乐活动

卡尔加里最有魅力的活动当属一年一度的牛仔节了，如果你恰逢节日期间到来，就可以体会到卡尔加里浓郁的西部气息。

不花钱的娱乐活动

卡尔加里牛仔节

卡尔加里牛仔节拥有“世界上最精彩的户外表演”的美誉。节日期间，卡尔加里大街小巷都会充斥着牛仔元素，可以让人体会到浓郁的西部气息。在这为期10天的节日里，游客可以看到世界上最好的牛仔表演和其他丰富多彩的比赛，如公牛骑术、女士绕桶赛、捆绳索、骑马徒手摔牛等，还有世界知名的歌手带来的一系列精彩演出。另外，牛仔节期间，每天早晨全城各处都会有免费的西部早晨供应，城里的男女老少纷纷穿上各式各样的牛仔服装来庆祝，整个城市沉浸在一片欢乐的景象中。

旅游资讯

- 每年7月的第一个周五开始长达10天

Chapter THREE
加拿大西海岸区

温哥华最优出行方案速查

机场到市区

温哥华国际机场（Vancouver International Airport）是位于加拿大不列颠哥伦比亚省列治文市海岛（Sea Island）的一个民用国际机场，在温哥华市区西南方，距市区约15公里，是加拿大第二繁忙的国际机场。机场拥有前往亚洲、欧洲、大洋洲、美国和加拿大其他主要城市的直飞航班，中国北京、上海、广州、香港都有直飞温哥华的航班。

温哥华国际机场信息	
地址	3211 Grant McConachie Way,Richmond
电话	604-2077077
网址/二维码	www.yvr.ca
备注	设有3个航站楼即国内航站楼、国际航站楼和南航站楼，南航站楼是一座独立建筑，并位于机场较偏远的位置，主要服务不列颠哥伦比亚省以内的地区航线

机场至市区交通			
交通方式	介绍	票价	省钱攻略
公交车	在机场3楼左后方乘坐100路公交车到达格兰威尔街与西70街十字路口，换乘20路、8路等公交车到达市区，车程约为1小时	单程2.75加元	可购买1日通票
Sky Train	城铁机场站在国际和国内航站楼中间，可在此乘坐淡蓝色地铁线Canada Line前往市区，车程约22分钟	单程7.75加元	可购买1日通票
机场大巴	可在2楼出口右侧的站牌处乘坐机场大巴，大巴到达市中心各大酒店、车站和渡轮码头，车程30～50分钟，车票可在车站前的售票处或向司机直接购买	车费单程10加元	可购买往返票
出租车	在机场大厅出口处可以乘坐出租车前往市区，约需30分钟，最多可乘坐5人	到市中心根据距离约30～40加元	2人以上可以考虑乘车

出行使用公共交通通票

温哥华公共交通通票

温哥华公共交通包括市内公交车、地铁、海上公交车3种类型，1日通票提供1天从过境服务开始到服务日结束的无限制的公共交通使用，成人9.75加元，而在海岛Sea Island车站购买的Day Passes需要额外支付5加元，票价为14.75加元。通票可在地铁自动售票机或全市写有Fare Dealer红、白、蓝标示的多个定点购买。

TIPS 关于温哥华交通的更多信息可以在温哥华公共交通官网上查询，官网详情见第二章优惠高效的公共交通。

温哥华玩点速览+线路推荐

玩点速览

斯坦利公园

斯坦利公园（Stanley Park）又译为史丹利公园，是温哥华最负盛名的公园，也是北美最大的城市公园之一。公园连接温哥华市中心的一个半岛，岛上覆盖着大片的原始森林，三面环海，据说曾经是沿海原住民的部落所在地。公园内除了拥有美丽的灌木、柏树和西洋杉组成的自然美景，还有很多著名旅游景点，如水上乐园、玫瑰园、水族馆、图腾公园、美人鱼雕塑和动物园等。来此最好的游玩方式就是骑着自行车沿着海滨小道慢慢骑行，可以在公园入口处的游客信息亭租用自行车。另外，公园地势高、地理位置极佳，可以远眺城市美景。

旅游资讯

- Stanley Park,Vancouver
- 604-6816728
- vancouver.ca/parks-recreation-culture/stanley-park.aspx

TIPS 斯坦利公园的亮点是东侧广场上几根形状不一的印第安木刻图腾柱，它们由原住民制作，是印第安人文化艺术的体现，十分值得观赏。

伊丽莎白女王公园

伊丽莎白女王公园（Queen Elizabeth Park简称QE Park）位于加拿大温哥华市区最高点，是为了纪念伊丽莎白二世女王来此参观而得名。公园内有一棵女王亲手种下的橡树，一直是游人观赏和合影的重要景物。公园还是加拿大的第一座植物展示园，内部几乎囊括加拿大所有本土植物，还有一些外来树木和灌木，风景优美、空气清新，娱乐设施齐全。广场上还有一座观景平台，是温哥华市区的最高点，可以俯瞰全城和远处的群山。每到天气晴好的日子，这里常有街头画家在此为游客现场画像，还可以看到艺术家们精彩的奏乐表演。

旅游资讯

- 4600 Cambie St.,Vancouver
- 604-8737000
- 乘坐Sky Train的Canada Line至King Edward站下车，步行可到
- vancouver.ca/parks-recreation-culture/queen-elizabeth-park-directions.aspx

TIPS 公园内最著名的就属半球形植物温室，温室内拥有500多种沙漠、雨林、热带地区生长的独特植物花卉，里面还有一个栖息着各种鸟类的热带园。在这里可以一边观赏植物、鸟类，一边了解关于大自然的有趣知识。

煤气镇

煤气镇（Gastown）位于温哥华市中心，是温哥华城的发源地。在19世纪80年代，煤气镇是温哥华最繁荣的地区，属于那个年代的木质沙龙酒吧（Saloons）、淘金热等，持续了二三十年，使得这里既有牛仔风味的兴盛，又有没落后的沧桑。如今，煤气镇成为加拿大颇为重视的文化保留区，其古老的风貌、维多利亚式的建筑、铺满圆石子的街道、露天咖啡座、古董店、精品店和餐厅等，都在向游人们娓娓讲述自己的过去。

旅游资讯

- Gastown,Vancouver
- 604-6835650
- 乘坐Sky Train至Waterfront站下车，步行可到
- 全天开放
- www.gastown.org

TIPS 重达2吨的蒸汽钟（Steam Clock）是煤气镇最著名的景点，自1977年便矗立于此。大钟以蒸汽为动力，每隔15分钟就会伴随着威斯敏斯特钟的乐曲冒出白色的蒸汽，吸引许多游客驻足观赏。

林恩峡谷公园

林恩峡谷公园（Lynn Canyon Park）位于温哥华北部，是最受欢迎的野生公园之一。公园内有峡谷、瀑布、溪流、水潭和珍贵的针叶林，还有一条高达50米的吊桥，站在吊桥上，可以俯视谷底湍急的河流，让人感觉既惊险又刺激。园内的林恩峡谷，每到夏季还会有蹦极活动，喜欢这种活动的游客可以参与其中。

旅游资讯

- 3663 Park Rd.,North Vancouver
- 604-9903755
- lynncanyon.ca

TIPS 公园内还有很多远足路线，比较有名的线路从Horseshoe Bay到Deep Cove，这是一条很长的线路，其中经过了溪谷的西面，在溪谷这段有1个多小时的路程，沿途可以欣赏到茂密森林中的各类植物。

温哥华美术馆

温哥华美术馆（Vancouver Art Gallery）位于温哥华市中心，是一座希腊神殿式的古典建筑，属于温哥华的著名历史古迹之一。温哥华美术馆这个加拿大西部最大的美术馆，拥有约1万件永久收藏品。馆内除了展出绘画作品之外，还展出摄影、雕塑、平面造型艺术等各方面的优秀作品以及公共艺术作品。而美术馆建筑本身，也堪称一件非凡的艺术品，值得细细观赏。

旅游资讯

- 750 Hornby St.,Vancouver
- 604-6624700
- 乘坐SkyTrain的Canada Line至Vancouver City Centre站下车，步行可到
- 周一至周日10:00～17:00，周二延迟到21:00
- 成人24加元，学生和65岁以上老人18加元，6～12岁儿童6.5加元，5岁及以下儿童免费，家庭票（2名成人+4名儿童）55加元，每周二17:00～21:00捐赠入馆
- www.vanartgallery.bc.ca

TIPS 美术馆共分为4层，其中第3层是温哥华著名的已故本土艺术家Emily Carr的藏馆，展示着本土艺术家Emily Carr的各种作品，其作品通过描绘美丽的景观和村庄来展现哥伦比亚民族的本土文化，备受加拿大人的推崇。

温哥华水族馆

温哥华水族馆（Vancouver Aquarium）是加拿大最大的水族馆，也是北美洲三大水族馆之一。这里拥有超过7000种海洋生物，包括北极的海洋生物、鳄鱼等，甚至还有各种形态让人惊叹的珍奇动物。最值得观看的是加拿大北极馆（The Arctic Canada）内的白鲸，它是温哥华水族馆的动物明星，其悠闲的生活和娇俏可爱的模样引得游人为之驻足。

旅游资讯

- 845 Avison Way,Vancouver
- 604-6593474
- 乘坐19、135路等公交车在Stanley Park Loop站下车即可
- 10:00～17:00，节假日时间会有所调整，具体时间参看官网
- 成人36加元，13～18岁青少年和65岁以上老人27加元，4～12儿童21加元，3岁及以下儿童免费
- www.vanaqua.org

温哥华博物馆

温哥华博物馆（Museum of Vancouver）是加拿大最大的市政博物馆，位于凡尼尔公园（Vanier Park）内。馆内陈列了温哥华早期的艺术作品及原住民的历史，那些展示各个时代温哥华发展的住宅室内场景、毛皮交易所及矿山、铁路施工现场等展览都是你了解温哥华的途径。博物馆周围环境幽雅，不远处便是海滩，海景迷人。博物馆建筑本身也很独特，屋顶造型好似原住民编制的竹帽。

旅游资讯

- 1100 Chestnut St.,Vancouver
- 604-7364431
- 周一至周三、周日10:00～17:00，周四、周五10:00～20:00，周六10:00～21:00，圣诞节以外其他节假日10:00～17:00
- 成年人15加元，12～18岁青少年11加元，5～11岁儿童5加元，4岁及以下儿童免费
- www.museumofvancouver.ca

TIPS 博物馆入口的喷泉处还有一座螃蟹雕像，被认为是海口的守护神，可以参观一下。夜晚及周末，博物馆还会经常举办演讲、研讨会或音乐会，也有专为儿童设计的科学、艺术或历史活动。另外，温哥华博物馆周边还有温哥华海洋博物馆（Vancouver Maritime Museum）、H.R.麦克米兰太空中心（H.R. MacMillan Space Centre）等景点，可以一并游览。

唐人街

温哥华的唐人街（Vancouver Chinatown）又称温哥华华埠，在北美地区赫赫有名。这里拥有迷人的东方韵味，吸引着大量游客和当地人在此活动。唐人街约有100年历史，占地约6个街区，街道两旁随处可见的中文招牌，让人倍感亲切。千禧门是温哥华唐人街的标志之一，向南走还有一处“中华门”的招牌，其后就是中山公园，公园是典型的苏州园林式建筑，园内鸟语花香、庭院幽深，富有江南特色。

旅游资讯

106 Keefer St.,Vancouver
604-6323808
www.vancouver-chinatown.com

卡皮拉诺吊桥公园

卡皮拉诺吊桥公园（Capilano Suspension Bridge and Park）是北温哥华著名的旅游观光胜地，也是温哥华最古老的观光景点。公园内的卡皮拉诺吊桥全长137米，位于卡皮拉诺河（Capliano River）上方约70米的高空，人走在上面感觉十分惊险，但周围绝美的风景绝对会吸引你上去体验一番。公园内最引人瞩目的还有色彩鲜艳的图腾柱，它们是60年前印第安人所雕刻且放置于此的，造型、色彩在数十年后仍保持得很好。

旅游资讯

3735 Capilano Rd.,North Vancouver
604-9857474
乘坐511路公交在Fleet St at Fort York Blvd West Side下车即可
4月22日至5月26日9:00~19:00，5月27日至9月4日8:30~20:00，9月5日至10月9日9:00~18:00，10月10日至11月23日9:00~17:00，11月24日至次年1月8日（圣诞节关闭）11:00~21:00，1月9日至3月10日9:00~17:00，3月11日至4月21日9:00~18:00
成人39.95加元，65岁以上老人36.95加元，13~16岁青少年26.95加元，6~12岁儿童13.95加元，6岁以下儿童免费，家庭票（2名成人+2名儿童）85加元
www.capbridge.com

松鸡山

松鸡山（Grouse Mountain）位于北温哥华市，素有“温哥华之峰”的美誉，在温哥华市区抬头往北看就能欣赏到它的雄伟身姿。游客可以乘坐北美最长的空中缆车，将松鸡山和温哥华青山碧水的景色尽收眼底。松鸡山山顶是欣赏温哥华全景的最佳场所，只要是晴天，便可将温哥华市区以及布拉湾的风光一览无余。冬季这里则变身为滑雪场，不同等级的坡道适合不同程度的滑雪爱好者，其中热门的刀疤坡（Cut）深受中高等级滑雪者青睐，另有13条滑雪坡均提供夜晚照明，夜间滑雪还可以饱览温哥华璀璨的夜景。

旅游资讯

- 6400 Nancy Greene Way,North Vancouver
- 604-9809311
- 9:00～22:00，节假日开放时间可能会有所调整，具体开放时间可查询官网
- 成人44.95加元，65岁及以上老人40.95加元，13～18岁青少年25.95加元，5～12岁青少年15.95加元，4岁及以下儿童免费
- www.grousemountain.com

TIPS 松鸡山山顶有一个小型的灰熊保护区，可以让游客近距离观察棕熊的生活习性。这些灰熊都是因为迷路或是母熊早逝，而由人类抚养长大的，并不具备攻击性，游客可以在此与它亲密接触。另外，山顶还有大木屋供爬山和滑雪的人休息使用，里面有快餐店、小商店、服务台、换衣间等，二楼还有小酒吧和一家有名的法式餐馆The Observatory。

线路推荐

DAY 1

加拿大广场→温哥华美术馆→温哥华博物馆

加拿大广场 / 在广场上闲逛，欣赏周围海景

步行11分钟

温哥华美术馆 / 参观各类艺术收藏品

乘坐2路公交车在WB Cornwall Ave FS Cypress St.站下车，步行可到，全程约19分钟

温哥华博物馆 / 了解温哥华原住民历史

DAY 2

伊丽莎白女王公园→斯坦利公园→温哥华水族馆

伊丽莎白女王公园 / 寻找伊丽莎白二世女王亲手栽种的橡树

乘车约23分钟

斯坦利公园 / 在公园内骑行，远眺城市美景

步行13分钟

温哥华水族馆 / 观看娇俏可爱的白鲸

DAY 3

卡皮拉诺吊桥公园→松鸡山

卡皮拉诺吊桥公园 / 在卡皮拉诺吊桥上体验一番

乘坐236路公交车到Grouse Mountain Skyride站下，步行可到，全程约13分钟

松鸡山 / 乘坐北美最长的空中缆车，欣赏松鸡山和城市美景

温哥华高性价比住宿地推荐

温哥华是加拿大现代化程度最高的城市之一，有许多不同等级的住宿地，经济酒店、青年旅舍一应俱全。推荐住在温哥华市中心和北温哥华地区。

推荐原因	
地点	**原因**
市中心	交通便利，住宿选择地较多，购物、景点都较集中
北温哥华	住宿选择较多，想去松鸡山、卡皮拉诺吊桥公园游玩更加方便

住宿地推荐

高性价比酒店推荐				
名称	**地址/电话**	**网址**	**参考价格**	**亮点**
温哥华市区戴斯酒店（DaysInn Vancouver Downtown）	921 W Pender St.,Vancouver/604-6814335	www.wyndhamhoels.com	标准大床房149加元	酒店位于温哥华市中心，提供早餐券，距离斯坦利公园较近
绿蔷薇酒店（Greenbrier Hotel）	1393 Robson St.,Vancouver/604-6834558	greenbrierhotel.com	大床房130加元；行政套房135加元	酒店位于温哥华市中心，交通便利，距离格兰维尔岛和罗伯逊街较近

续表

名称	地址/电话	网址	参考价格	亮点
温哥华市中心里维埃拉罗布森套房酒店（Riviera on Robson Suites Hotel Downtown Vancouver）	1431 Robson St.,Vancouver/604-6851301	www.rivieravancouver.com	大床房126加元；双床房135加元；一卧室公寓150加元	酒店位于温哥华市中心，交通便利，内部设有自助洗衣店，提供免费雨伞，距离斯坦利公园（Stanley Park）也仅有800米
温哥华豪生酒店（Howard Johnson Hotel Vancouver）	1176 Granville St.,Vancouver/604-6888701	—	标准大床房103加元；标准双床房104加元	酒店位于温哥华的主要街道，离市中心和商业区只有几分钟的路程，周围有许多餐厅和酒吧

高性价比宾馆/旅舍推荐				
名称	地址/电话	网址	参考价格	亮点
格若斯旅馆（Grouse Inn）	1633 Capilano Rd., North Vancouver/604-9887101	www.grouseinn.com	标准大床房和标准双床房91加元	旅馆地处北温哥华，内部配有冰箱和煮茶/咖啡机。距离斯坦利公园和卡皮拉诺吊桥公园都较近

续表

名称	地址/电话	网址	参考价格	亮点
温哥华同日旅馆（Samesun Vancouver）	1018 Granville St., Vancouver/604-6828226	samesun.com	8床混合宿舍1个床位36加元；6床混合宿舍1个床位和6床女生宿舍1个床位37加元；4床混合宿舍1个床位、4床男生宿舍1个床位和4床女生宿舍1个床位40加元；标准大床房共用浴室100加元	旅馆位于温哥华市中心，交通便利，内部提供1间电影室、1间自助干洗店和1间带有餐区的厨房。另有美食餐厅和休息室位于楼下，提供经济美味的饮品，还可以举办活动和社交聚会。距离格兰维尔岛较近
盖斯镇甘比街旅舍（The Cambie Hostel Gastown）	300 Cambie St., Vancouver/604-6846466	cambiehostels.com	8床混合宿舍1个床位30加元；4床混合宿舍1个床位和4床女生宿舍1个床位33加元；双床男生宿舍1个床位和双床女生宿舍1个床位39加元；标准双床房共用浴室78加元	旅舍位于煤气镇中心，每天早晨供应松饼、咖啡和茶，没有宵禁，提供内部吧台和咖啡馆，距离唐人街（China Town）的孙中山园林（Dr. Sun Yat-Sen Gardens）较近

温哥华百里挑一的经济餐

寻找经济餐的好去处

温哥华移民众多，来自世界各地的人们也把自己的饮食习惯带到了这里。在这里你可以品尝到法国菜、意大利菜、西班牙菜、希腊菜、墨西哥菜、中国菜、韩国菜、印度菜、马来西亚菜、越南菜、泰国菜等来自各个地方的美味。而且温哥华拥有太平洋上丰富的海产资源，因此在温哥华一定不要错过海鲜类烹制美食。

L'Abbatoir

这是一家很受当地人欢迎的牛排餐厅，他家的黛安牛排是精选的雪花牛排，口感嫩而不腻，经过低温慢煮的菲力牛排上撒着酥酥的干胡椒，更会让人爱上这粉红胡椒的辛辣和香味的完美碰撞。另外，也不可错过新鲜的烤带子，再配上有艺术创作美感的“西兰花树”，还有加拿大又香又嫩的羊肋条。

旅游资讯

- 217 Carrall St., Vancouver
- 604-5681701
- www.labattoir.ca

Tomahawk Restaurant

Tomahawk Restaurant位于加拿大北温哥华，是温哥华最老的餐馆之一。这家餐馆有着百年经典的食谱和家庭般温馨的氛围，在菜单上你还可以找到贴心的早餐。这里的烧烤非常有名，此外还提供经典的汉堡薯条等快餐，也有牛排、鸡胸等主菜。这里接受信用卡付款和预订。

旅游资讯

- 1550 Philip Ave.,North Vancouver
- 604-9882612
- www.tomahawkrestaurant.com

Gyu Japanese Teppanyaki Restaurant

Gyu Japanese Teppanyaki Restaurant是一家日式铁板烧餐厅，能够提供米饭、鱼等的食物，属于旧式日本家庭烹饪店，不同于寿司店。通常其正餐分为9道菜，分别为沙拉、蟹酱、龙虾尾、大虾、半块鱼、牛排、炒饭、蔬菜、冰淇淋，品种齐全，每样菜的量不多，但食材非常新鲜，更显精致。服务很好，饮品和酱汁都无限供应，环境幽雅舒适。中午还会有便当盒，花销较少，营养搭配得很好。

旅游资讯

- 755 Burrard St.,Vancouver
- 604-6887050
- www.gyukingteppanyaki.com/en/index.php

麒麟餐厅

麒麟餐厅（Kirin Restaurant）是当地一家非常有名的中餐厅，餐厅几乎在每年的温哥华美食大奖上都会上榜，曾荣获多项国际大奖。这里的葱爆牛肉亦饱含牛油的奶香味，极具正宗粤菜风格。餐厅每天用餐的人很多，最好提前预订或早点到，不然可能会排位1个多小时。

旅游资讯

- 1172 Alberni St.,Vancouver
- 604-6828833
- www.kirinrestaurants.com

Japadog

Japadog是温哥华市中心的人气小吃，他家的日式热狗据说日本人都会特意从赶来一试。另外，浓郁的照烧酱和薄脆的海苔也是很多人的最爱。Japadog除了在市中心的Robson街有一家门店之外，其他主要是以餐车的形式在几个固定的路口营业，但不妨碍人们对于它的喜爱，可以边走路边享受这简单的美味。

旅游资讯

- 530 Robson St.,Vancouver
- 604-5691158
- www.japadog.com

温哥华本地人爱去的购物地

本地人爱去的购物街

罗伯逊街

罗伯逊街（Robson Street）位于温哥华市中心，已有100多年的历史，是购物爱好者的天堂。这里有各大连锁品牌的服装店、化妆品店、珠宝店等老牌店，还有各式纪念品店、个性书店和唱片店，非常适合文艺青年来此踩点。咖啡的香气弥漫整条街道，在闲逛之余坐下来细细品味这里的咖啡，再配上一份甜点作为下午茶，无比惬意。这里可以算是一站式购物街，可以在这里选购你的回国礼物。

旅游资讯

- Robson Street,Vancouver
- 604-6698132
- 乘坐Sky Train的Canada Line至Vancouver City Centre站下车，步行即可
- www.robsonstreet.ca

南格兰威尔街

南格兰威尔街（South Granville）购物区位于市中心以南，整个街区从格兰威尔桥南端延至西16街，是温哥华最好的购物街之一。这里是纪念品商店的密集街区，街区内有以伊顿百货和海湾百货公司为代表的大型商场，还有多家艺廊、古玩店、家具店和设计师名店。

旅游资讯

- South Granville,Vancouver
- 604-7343195
- www.southgranville.org

本地人爱去的商场

太平洋购物中心

太平洋购物中心（Pacific Centre）是温哥华市中心最大的商场，地处市中心的黄金地带，直接连通海湾百货和四季酒店，玻璃穹顶的入口设计古典中透露着现代主义，十分惹眼。这里拥有200多家门店，服务设施齐全，逛店之余还可在环境幽雅的咖啡馆休息。Holt Renfrew、Nordstrom的高端时尚百货公司纷纷在此设店，还有H&M、GAP、Banana Republic、Hollister等一些代表着年轻潮流的时尚品牌。

旅游资讯

701 W Georgia St.,Vancouver
604-6887235
www.cfshops.com/pacific-centre.html

Tsawwassen Mill

Tsawwassen Mill是温哥华新开幕的大型综合购物商场，拥有超过200个品牌商店、一个大型美食广场，更贴心的是建造了儿童专区，让带小孩的消费者可无忧购物。最吸引人的是，超过一半的品牌都是物美价廉的Outlet Store，有时装、首饰、户外运动、儿童服装、家具等类别，还有不少高级设计师的品牌店。

旅游资讯

5000 Canoe Pass Way,Delta
604-9489889
www.tsawwassenmills.com

Metropolis at Metrotown

Metropolis at Metrotown购物中心位于温哥华的近郊，是不列颠哥伦比亚省最大的百货公司，也是加拿大第二大的综合购物中心，拥有超过450家店铺，还有大型电影院和电玩城，另外，这还有华人喜爱的连锁超市即大统华超市T&T Supermarket，各种来自中国的小吃零食一应俱全。

旅游资讯

4700 Kingsway 604,Burnaby
604-4384715
metropolisatmetrotown.com

本地人爱去的市场

格兰维尔岛公共市场

格兰维尔岛公共市场（Granville Island Public Market）是温哥华最受欢迎的公共市场，每一个摊位都摆满了新鲜的蔬果、海鲜，还有刚出炉的烘焙糕点、充满异域风情的各国料理，以及各类纪念品和土特产。市场内不止有食品，还有花店、书店、服饰店。每到周末，这里便热闹非凡，街头艺人也会到此表演。夏季，户外还有传统有趣的农夫市场。

旅游资讯

1669 Johnston St.,Vancouver
604-6666655
granvilleisland.com/public-market

温哥华不花钱的娱乐活动

温哥华作为加拿大的大城市之一，其节庆娱乐活动也是丰富多彩。在此不仅可以在樱花节到来时，边欣赏樱花边看日本的节庆演出，还可观看到盛大的烟火表演。

不花钱的娱乐活动

温哥华樱花节

温哥华有着“樱花之都”的美称，这座城市拥有的樱花品种多达54种，樱花树多达4万多株，是全世界种植樱花品种最全、数量最多的城市之一。樱花节期间，你可以走访伊丽莎白女王公园（Queen Elizabeth Park）、斯坦利公园（Stanley Park）和范度森植物公园（Vandusen Botanical Park）这三大主要赏樱胜地，欣赏不同形态、颜色各异的美丽樱花。每年樱花节期间，将会在市中心著名的布拉德天车站举办音乐会，游客可以充分享受由太鼓、电吉他及四弦琴合奏的美妙音乐，体会樱花树下的摇滚。

旅游资讯

3月下旬至4月中旬

温哥华烟火节

每年夏天，在温哥华的夜空上，都会上演一出华丽的烟火交响乐。这是世界持续时间最长的近海烟火会演，也是不列颠哥伦比亚省最大规模的盛会。烟花节在温哥华市中心的English Bay（英吉利湾）举行，这里是观看烟花的最佳地点。在烟花会演正式开始之前，English Bay沙滩现场还会由主办单位提供各种表演，同时也会有音乐和美食，可以让大家在愉悦的环境中等待晚上精彩的烟花会演。

旅游资讯

7月下旬，每年时间不定

温哥华→维多利亚

来回交通

乘飞机

维多利亚国际机场（Victoria International Airport）是不列颠哥伦比亚省仅次于温哥华国际机场的第二大机场，也是加拿大最繁忙的机场之一。机场每天有多班从温哥华直达维多利亚的航班，约35分钟就可到达。

维多利亚国际机场信息	
地址	1640 Electra Blvd,Sidney,BC
电话	250-9537500
网址/二维码	www.victoriaairport.com

机场每天均有城市巴士往返于机场与市中心，游客可以在机场门口乘坐83路、88路Sidney方向的车，在McTavish Exchange站下车，原地换乘70X Downtown Express巴士，经过11站，在Southbound DouglasNS Centennia站下车，即到达维多利亚市中心。城市巴士的单程票约2.5加元，有学生票、回数票、日票等优惠票券。城市巴士由BC Transit-Victoria Regional Transit System 运营，更多详情可以登录官方网站bctransit.com/victoria查询。

乘船

维多利亚是不列颠哥伦比亚省的首府，位于温哥华岛的最南面，从温哥华可以直接乘坐渡轮直达维多利亚，路线是从Tsawwassen到Swartz Bay，渡轮通常7:00～21:00运营，1小时一班，单程票价17.2加元，可在自助售票机或人工售票台购买。

维多利亚亮点速览

景 省议会大厦

省议会大厦（British Columbia Legislature Building）是一座维多利亚式建筑，由英国年仅25岁、却才华横溢的佛朗西斯·拿顿贝利设计。大厦巧妙地融合了维多利亚、罗马、意大利文艺复兴等各种建筑风格，外部设计宏伟气派，内部装修富丽堂皇。大厦楼前屹立着维多利亚女王的铜像，中央圆顶部分是乔治·温哥华的铜像，大厦内部的墙上还挂着许多艺术名作，梁柱雕刻、彩绘玻璃与屋顶设计都富有浓郁的古典气息。

旅游资讯

- 501 Belleville St.,Victoria
- 250-3873046
- 乘坐27、28等路公交车至Belleville St.附近下车即可
- www.leg.bc.ca

景 雷鸟公园

雷鸟公园（Thunderbird Park）是维多利亚市内一个规模不大的公园，但这里却有非常知名的印第安风情陈列区。公园内摆放了很多有着鲜明特色的珍贵图腾柱，还展示了很多印第安传统长屋，向大家展示着这些原住民独特的文化内涵。在这里，游客可以看到印第安的传统房屋和生活用具展示，还能欣赏到雕刻家现场制作雕刻时的场景，他们精湛的雕刻技术，一定会让你惊叹不已。

旅游资讯

- Thunderbird Park,Victoria
- 乘坐27、28等路公交车至Belleville St.附近下车即可

景 灯塔山公园

灯塔山公园（Beacon Hill Park）位于维多利亚市区的南面，是一个生态非常好的开放式公园，也是市内最古老的公园。公园里不仅拥有鸟类保护区，还有漂亮的小花园，走在其中，清新舒适，心旷神怡。还可以听到悦耳清脆的鸟鸣，这些美丽的鸟儿为公园增添了几分生机。

旅游资讯

- 100 Cook St.,Victoria
- 250-3610600
- www.victoria.ca/EN/main/departments/parks-rec-culture/parks/beacon-hill.html

景 维多利亚渔人码头

维多利亚渔人码头（Inner Harbour）位于内港的最西端，原本是一座渔港，如今已被辟为旅游景点，除了可以品酒、吃海鲜外，还可以乘船出海观鲸鱼。渔人码头旁边紧邻居民区，环境整洁干净，码头附近的住宅楼，风景绝佳，可以俯瞰整个内湾的入海口。码头上还有各种小玩意儿售卖，其中还有汉堡包、三文鱼、鲜榨饮料和冰淇淋等美食，还能看到各种行为艺术家的精彩表演。

旅游资讯

- Belleville St.,Victoria

景 布查德花园

布查德花园（Butchart Gardens）始建于20世纪初，在布查德花园几代人的精心照顾下，堪称园艺艺术领域的一朵奇葩，也是世界著名的第二大花园。布查德花园分为4个大区，即新境花园、意大利式花园、日本式花园和玫瑰园，风景极好，各式各样的鲜花四季轮番绽放，更有风格迥异的庭园造景，在这里信步闲游，非常享受。

旅游资讯

- 800 Benvenuto Ave.,Brentwood Bay
- 250-6524422
- 乘75路巴士在The Butchart Garden站下车
- 春季3月1日至31日9:00～16:00，4月1日至6月14日9:00～17:00；夏季6月15日至9月15日9:00～22:00，9月16日至30日9:00～17:00；秋季10月1日至31日9:00～16:00，11月1日至30日9:00～15:30；冬季 12月1日至次年1月6日 9:00～21:00，1月7日至2月28日 9:00～15:30
- $ 成人31.45加元，13～17岁青少年13.75加元，5～12岁儿童3加元
- www.butchartgardens.com

景 皇家不列颠哥伦比亚博物馆

皇家不列颠哥伦比亚博物馆（Royal BC Museum）位于维多利亚美丽的内港，与省议会大厦隔市政大街相望，是游客来到维多利亚参观的首选景点之一。这里有独特的展品和画廊，数量超过100万件，能让游客更细致地了解不列颠哥伦比亚省以及其原住民的自然环境和人文历史。馆内的展品仿真度非常高，有很多模型，比如冰河时期模型、海岸实景模型等，都能够形象地展示展品的细节。

旅游资讯

- 675 Belleville St.,Victoria
- 250-3567226
- 可查询官网
- $ 成人19加元，6～18岁青少年和65岁以上老人17加元，3～5岁儿童免费
- www.royalbcmuseum.bc.ca

温哥华 → 班夫

来回交通

乘火车

从温哥华出发前往班夫，可以乘坐观光列车“落基山登山者”号火车（The Rocky Mountaineer），时速在50～90公里，有多种票型组合可供选择。“One Night”票型是早上从温哥华出发，经过大约35小时后到达班夫，通常在坎卢普斯（Kamloops）住宿1晚，其中火车票价包含了在中转城市的住宿费。“登山者号”火车一般分为2层，下面一层是休息区，上面一层是观景区，火车每年4～10月运行，车票价格时有波动，淡旺季的价格相差约100加元。车票根据目的地、中间站、运行时长、车厢类型等不同而有各种组合。

“登山者号”分为3种型号的列车，金叶圆拱列车（Gold Leaf Service）、银叶圆拱列车（Silver Leaf Service）和红叶圆拱列车（Red Leaf Service），每种型号提供不同等级的服务，价格也有高有低。

预订火车票和了解更多详细信息可以登录其官方网站www.rockymountainholidays.com查询。

乘长途巴士

从温哥华到班夫的长途巴士主要是灰狗巴士，每天约4个班次，分为快车和慢车，到达班夫需12～16小时。游客可以选择傍晚上车，次日早上到达，较为轻松。温哥华灰狗巴士站在太平洋中央车站里，旁边就是地铁站，交通很便利，可以在车站购票处询问购票信息，也可以登录灰狗巴士官网www.greyhound.ca查询。

TIPS 行李很多或者与老人孩子一同出行的游客，可以选择从温哥华机场飞到距离班夫最近的卡尔加里，然后换乘卡尔加里国际机场出发到班夫的长途巴士即可。长途巴士单程约2小时，每天有多趟从机场出发。

班夫亮点速览

景 弓河瀑布

弓河瀑布（Bow Falls）位于班夫镇东南侧，是班夫最著名的美景之一。玛丽莲·梦露主演的成名作——电影“大江东去”即以此为背景地。弓河是流经班夫国家公园内最长的河流，其上的瀑布虽规模较小，但白浪翻腾，涛声阵阵，和周围的自然景观交相辉映，吸引了许多游客驻足。

旅游资讯

- Banff,Banff National Park,Alberta
- 可从班夫镇租车前往

景 平原印第安人勒克斯顿博物馆

平原印第安人勒克斯顿博物馆（Luxton Museum of the Plains Indian）是一幢用圆木建成的建筑，由诺曼·勒斯顿（Norman Luxton）在1952年创立。博物馆内是用印第安人生活及狩猎方式来进行布景创造的，整个建筑就像是大型帐篷，是了解印第安历史的好去处。

旅游资讯

- 1 Birch Ave.,Banff
- 403-7622105
- 乘坐2路公交车，在Wolf and Beaver站下，沿Beaver Street向南步行可到
- 时间每年不同详见官网
- www.luxtonfoundation.org

景 加拿大落基山怀特博物馆

加拿大落基山怀特博物馆（Whyte Museum of The Canadian Rockies）是由当地艺术家凯瑟琳·罗布（Catharine Robb）和彼得·怀特（Peter Whyte）创建的，建立最初的目的是保存落基山脉的艺术及历史，发展到现在已有将近50年的历史，并且还在不断扩大。博物馆的运营依靠怀特基金会以及游客的门票，博物馆内收藏着大量落基山文学及艺术作品，也有拓荒者居住时留下的遗迹等。

旅游资讯

- 111 Bear St.,Banff
- 403-7622291
- 乘坐公1、2路公交车，在Buffalo Street站下车,步行可到
- 10:00~17:00，12月25日和1月1日关闭
- 成人10加元，12岁以下儿童免费
- www.whyte.org

景 洞穴与盆地国家历史古迹

洞穴与盆地国家历史古迹（Cave and BasinNational Historic Site）是含有硫黄的天然温泉遗址，也是班夫国家公园最初所在的范围。1883年3名铁路工人偶然发现了这个洞穴和洞里的温泉池，之后由于对这里的商业开发权有争议，加拿大总理便将温泉设立为一个小保护区，后来逐渐扩大，使得这里逐渐变得颇有名气。正因如此，来此猎奇的人越来越多。

旅游资讯

- 311 Cave Ave.,Banff
- 403-7621566
- 乘坐1、2路等公交车，在Ywca站下车，沿Spray Ave向西步行约1公里可到
- 具体时间详见官网
- 成人3.9加元，6~14岁青少年1.9加元
- www.pc.gc.ca/eng/lhn-nhs/ab/caveandbasin/index.aspx

景 露易丝湖

露易丝湖（Lake Louise）是班夫国家公园内一处著名景点，被茂密的森林包围，澄净的湖水就像一块翡翠，与周围风姿绰约的群山构成一幅让人惊叹的风景画，因而成为世界各地顶尖摄影师最喜欢取景的地点之一。露易丝湖源自附近的冰川，湖水冰冷无比，泛舟湖上，嬉水之间都能感受到其源自冰川的味道。每年11月至次年5月，湖面结冰，满湖洁白，与周围的雪山浑然一体，成为风景优美的滑冰场。

旅游资讯

- Lake Louise, Banff National Park
- 乘车沿着Lake Louise Drive向西行驶约4分钟可到
- www.banfflakelouise.com

景 弓湖

弓湖（Bow Lake）是落基山脉著名的湖泊之一，位于鸦爪山（Crownfoot Mountain）岸下，是个冰川湖。湖水冰凉彻骨，夏季最热的时候触摸湖水，让人觉得非常舒服。弓湖所在地海拔约2000米，周围群山环绕，水深50多米，11月开始结冰，到次年6月底才融化。湖边建有游客中心和木屋旅馆，可供居住。

旅游资讯

- 93号公路的冰原大道（Icefields Parkway）旁
- 从露易丝湖开车或者乘车，沿Icefields Parkway向北行驶约38公里可到

景 弓谷公园大道

弓谷公园大道（Bow Valley Parkway）将班夫各城镇与露易丝湖连接在一起，沿途到处是绝佳的野餐场所，拥有众多远足地与横穿田野的滑雪道，其中非常有名气的景点为强斯顿峡谷（Johnston Canyon）、鬼城—银城（SilverCity）和希尔斯代尔滑道（Hillsdale Slide）。强斯顿

峡谷的两侧还有几个当地最壮观的瀑布，从而成为班夫国家公园最受欢迎的远足地之一。

旅游资讯

- Improvement District No. 9
- 可乘旅游观光车、自驾或租自行车沿着Trans-Canada Highway向西北方向行驶约36公里

景 冰原大道

冰原大道（Icefields Parkway）被视为北美最美丽的公路之一，从班夫国家公园至贾斯珀国家公园，总长度约230公里。沿途可看到瀑布、翡翠湖、草原和冰原冰川等，美得如一幅画卷。还不时能欣赏到那些悠闲自

在的野生动物，此外，还能进行野餐、露营、徒步旅行、攀冰岩及滑雪等活动，在此可与大自然共舞。

旅游资讯

- Icefields Pkwy,Banff National Park
- 乘坐旅游巴士或租车前往，一路沿着冰原大道向北行驶即可

景 阿萨巴斯卡冰川

阿萨巴斯卡冰川（Athabasca Glacier）从堆积成形到现在已有8000年历史，由于当地丰富的降雪，使得整个冰川至今保存完好。站在寒气逼人的冰川上可看到冰雪环抱的地貌中，白雪皑皑的山峰与冰原上糖霜般的雪地、滚动状的凝滞冰瀑相映成趣，而漂浮着冰块的冰川湖却近在咫尺，让人有种到了北极的错觉。

旅游资讯

- 冰原大道中段

Chapter FOUR 加拿大北部区

怀特霍斯

怀特霍斯最优出行方案速查

机场到市区

埃里克·尼尔森怀特霍斯国际机场（Erik Nielsen Whitehorse International Airport）是加拿大育空省的国际机场，从中国飞往怀特霍斯可以从温哥华转机。

埃里克·尼尔森怀特霍斯国际机场信息	
地址	75 Barkley Grow Crescent 316.,Whitehorse
电话	867-6678440
网址/二维码	www.hpw.gov.yk.ca

从怀特霍斯机场到市区主要依靠预订酒店的接机服务，或者从机场乘坐雪橇、雪地摩托等工具到达目的地。怀特霍斯的很多服务需要支付少量小费，建议游客多准备一些小面额加元。

怀特霍斯玩点速览

玩点速览

育空河

育空河（Yukon River）长达3700公里，是北美洲的第三长河，也是地球上最北端的大河。育空河流经怀特霍斯，最后注入白令海（Bering Sea）。怀特霍斯位于育空河上游，此处水流湍急，状若白马奔腾，酷似白马的鬃毛，这也是怀特斯特“白马”别称的由来。

旅游资讯

- Miles Canyon,Whitehorse
- 从怀特霍斯驾车沿着Alaska Hwy.行驶

育空河野生动物保护区

育空河野生动物保护区（Yukon Wildlife Preserve）被联合国教科文组织列为世界遗产，位于怀特霍斯城西北部。保护区内的森林保留着原始的面貌，空气清新怡人，可以观看到许多麋鹿、驯鹿、北美野山羊、野牛甚至麝牛等育空地区的大型哺乳动物物种，保护区里还有汩汩流淌的泉水，清澈的泉水引来动物们在此喝水和嬉戏，置身于此仿佛走进了另一个世界。

旅游资讯

- Takhini Hot Springs Rd.,Whitehorse
- 867-4567300
- 从怀特霍斯驾车沿着Takhini Hot Springs Rd.行驶
- yukonwildlife.ca

翡翠湖

翡翠湖（Emerald Lake）是育空地区南部的一个湖泊，湖水呈现出翡翠般的绿色，清澈见底，和不远处的高山相呼应。气温变化时湖泊内的石灰岩沉积物会解析成细小晶体，呈现出深浅不一的绿色，所以此湖在天气晴朗时观赏效果最佳。如果赶上湖面上一有层薄雾，看上去也别有一番意境。

旅游资讯

- South Klondike Hwy,Whitehorse
- 从怀特霍斯驾车沿着Klondike Hwy.行驶
- supyukon.ca

地标森林

地标森林（Sign Post Forest）被称为“没有树的森林”，位于沃森湖镇（Watson Lake），是当地十分有名的景点。这里并没有树，而是满满的来自不同时间和空间的回忆。你可以在这找到来自全球各地的路牌，还有许多游客到此一游时留下的物品，因而有很多人从全球各地慕名而来，在此去寻找一份牵挂。

旅游资讯

- Mile 635,Alaska Hwy, Watson Lake
- 867-5368000
- www.watsonlake.ca/our-community/sign-post-forest

TIPS 地标森林源于1942年、阿拉斯加高速公路（Alaska Highway）上一块路牌损坏，一名名叫Carl K. Lindley的士兵前去修复，思乡已久的他在此处立起一块小的路牌，写上他的家乡Danville, Ill，并标注上“距离此地2835miles”，这一举动如埋下种子，许多士兵也纷纷钉上遥指家乡的路牌，途径这里的路人也慢慢习惯于留下纪念，凝聚的思念成就了今日这样壮观的景象。

S.S.克朗代克国家历史遗址

S.S.克朗代克国家历史遗址（S.S. Klondike National Historic Site）用于纪念19世纪90年后期的克朗代克淘金热，当时有许多人前往加拿大育空地区的克朗代克河附近寻找金矿。该历史遗址的主要参观点是一艘船尾推进式轮船，该船曾经往返于怀特霍斯和道森，是当时这一地区的主要交通工具，乘客主要是矿工和其家人。S.S.克朗代克号船靠蒸汽机运行，至今风采依旧，是怀特霍斯的地标性景点之一，很多游客都会慕名前来参观。最值得了解的是该船的发展历史，在船体内有展馆，展出形式除了文字、图片等实物展品外，还有相关的表演，门票包含了表演的费用。

旅游资讯

- 10 Robert Service Way,Whitehorse
- 800-6610486
- 成人6.3加元
- www.pc.gc.ca/eng/lhn-nhs/yt/klondike/index.aspx

野羊山谷

野羊山谷（Ibex Valley）位于怀特霍斯的西部约16公里处，至今仍是一个未被人类开发的旅游胜地。这里是世界上少见的一块纯净地，一切都保持着最原始的状态。冬季是探访山谷的最佳季节，此时山谷中空气清新，目之所及都是一片纯净的世界。在这里，你可以驾着雪橇在山谷快意穿行，感受雪雾溅洒在脸上的清凉，沿途还能看到栖息在这里的野生动物们。

旅游资讯

- Alaska Hwy,Whitehorse
- 从怀特霍斯沿着Two Mile Hill Rd.行驶1.7公里右转进入Alaska Hwy.即到

塔基尼温泉

塔基尼温泉（Takhini Hot Springs）是育空地区的一处天然温泉，距离怀特霍斯市中心仅28公里，已成为当地人和游客最喜爱、最受欢迎的旅游目的地之一。塔基尼温泉拥有悠久的历史，据说曾经被原住民使用长达几个世纪，具有很好的疾病治疗价值。塔基尼温泉可以让游客一边享受温泉一边奇遇极光，在享受瑞雪环绕的温泉的同时观赏幸运的极光，绝对是一件十分难忘的体验。

旅游资讯

- 10 KM/ Mile 6 Takhini Hotsprings Rd.,Whitehorse
- 867-4568000
- 12:00～22:00
- 成人11.5加元，青少年9加元，儿童8加元，3岁以下儿童免费
- www.takhinihotsprings.com

惠斯勒黑梳山滑雪度假村

惠斯勒黑梳山滑雪度假村（Whistler Blackcomb）是北美最大的滑雪胜地之一，包括惠斯勒山（Whistler Mountain）和黑梳山（Blackcomb Mountain）两座滑雪场。内部有大约40条缆车和200多条滑雪道，游客可以体验壮丽的雪岳风光。度假村里稳定的强降雪量不会让人们失望，而且拥有上百家餐厅和近千间的客房，来此可体验到服务周到的度假环境。

旅游资讯

- 4545 Blackcomb Way,Whistler
- 604-9678950
- www.whistlerblackcomb.com

怀特霍斯高性价比住宿地推荐

怀特霍斯市中心及郊区均有多家住宿地可供选择，能满足不同需求的游客，且价格相对加拿大其他城市来说还是比较实惠的，推荐住在一些经济的酒店内。

住宿地推荐

高性价比酒店推荐				
名称	地址/电话	网址	参考价格	亮点
万购达广场住宿加早餐酒店（Vangorda Place B&B）	3 Van Gorda Pl.,Whitehorse/888-5213669	www.vangordaplacebandb.net	大床房共用浴室95加元；豪华大床房100加元	酒店每日提供的自助早餐包括烘烤百吉饼和面包、谷物、水果、酸奶、果汁、咖啡和茶，距离怀特霍斯机场较近
白马市伊利酒店（Elite Hotel White horse）	206 Jarvis St.,Whitehorse/867-6684567	elitehotel.ca	经济大床房94加元；双床房104加元	酒店所有卧室都提供微波炉和电冰箱，且距离S.S.克朗代克国家历史遗址较近
加拿大嘉佳假日酒店（Canadas Best Value Inn）	102 Wood St.,Whitehorse/867-6677801	www.vantagehotels.com	大床房和双床房83加元；家庭房（3人住）93加元	酒店地处怀特霍斯市中心，交通便利，距离S.S.克朗代克国家历史遗址较近
B的三次方住宿加早餐酒店（Triple B Bed nBreakfast）	2 Aster Pl., Whitehorse/867-6672926	—	单人小屋75加元；大床房95加元	酒店设有4人桑拿浴室，可为客人提供带壁炉的小屋和每日热食早餐

怀特霍斯百里挑一的经济餐

寻找经济餐的好去处

怀特霍斯是个拥有当地美食非常多的城市，最有名气的莫过于炸鱼和薯条，在市中心的多家餐厅都可以品尝到。最值得推荐的就是当地极受游客欢迎的舵手餐厅。

舵手餐厅

舵手餐厅（The Wheelhouse Restaurant）是怀特霍斯近几年最受游客欢迎的餐厅，位于育空河边，风景很好。餐厅的装饰非常复古，还原了克朗代克时期从怀特霍斯往返道森城的客货两用船舱内的装饰。他家的菜式都很精致，价格合理，推荐美味的鱼肉、牛排和羊排。

旅游资讯

- 2237 2nd Avenue Waterfront Station, Whitehorse
- 867-4562982
- wheelhouserestaurant.ca

Antoinette's

Antoinette's是一个加勒比风味的餐厅，餐厅里的炸薯条、炸面包和汉堡都很好吃，汉堡有鸡肉和虾等不同口味的，很受顾客欢迎。餐厅还会边提供美食边放一些好听的音乐，很是惬意。

旅游资讯

- 2237 2nd Avenue Waterfront Station, Whitehorse
- 867-4562982
- wheelhouserestaurant.ca

G&P Steakhouse & Pizza

G&P Steakhouse & Pizza是当地一家装修风格时尚且非常受欢迎的牛排馆，他家不仅内部装饰让人感觉温馨舒适，牛排也很不错，几乎是顾客的必点菜。餐厅的服务很热情，让人感觉很受欢迎。除了牛排和比萨，餐厅还提供鸡尾酒等佳酿。

旅游资讯

- 209 Main St.,Whitehorse
- 867-6684708
- gandpsteakhouse.com

惠斯勒黑梳山滑雪度假村

耶洛奈夫

耶洛奈夫最优出行方案速查

机场到市区

耶洛奈夫机场（Yellowknife Airp-ort）位于加拿大西北地区，距离北极圈仅200多公里，是一个隶属国家机场管理局的民用机场。从中国前往耶洛奈夫可以在温哥华、卡尔加里转机。

耶洛奈夫机场信息	
地址	1 Yellowknife Hwy.,Yellowknife
电话	867-8734680
网址/二维码	www.dot.gov.nt.ca/Airports/Yellowknife

从耶洛奈夫机场到市区的距离大约6公里，通常有等待旅游公司的班车接送（需预订了旅游公司的跟团游项目），或是直接乘坐出租车前往市区。

耶洛奈夫玩点速览

玩点速览

大奴湖

大奴湖（Great Slave Lake）又称大斯雷夫湖，位于耶洛奈夫西南面，是加拿大第二大湖。湖面海拔156米，湖水深而清澈，最大深度614米。湖中岛屿连片、水土富饶，盛产白鱼、湖鳟等鱼类，并富藏锌、金等矿物。大奴湖结冰期长，很适合游客滑雪橇或骑雪上电摩托游玩，还可以在此体验冰湖钓鱼的乐趣。

旅游资讯

- Great Slave Lake,Fort Smith,Unorganized
- 乘坐B路或BX路公交车在St Pat's School站下车,步行可到

极光村

极光村（Aurora Village）位于耶洛奈夫，其地理位置正好位于极光的中心，是闻名于世的观赏极光的绝佳位置。极光村每年有240多天时间可以观看到绚丽缥缈的极光，其中11月中旬至次年4月中旬，黑夜漫长而少云，是观赏极光的最佳时间。

旅游资讯

- 5114 52 Street,Yellowknife
- 867-6690006
- auroravillage.com

TIPS 游客可以报名参加夜晚的赏极光团，团里会有专业的摄影指导，可帮助游客拍出美丽的极光照片。该村的赏极光团设施还包括开放式烤棉花糖炉，供游客在等待的时间里消磨时间。在这里，除了传统的狗拉雪橇、雪地摩托之外，还拥有雪地健行的方式，这也是了解当地人生活习俗最便捷的方式。

威尔士亲王博物馆

威尔士亲王博物馆（Prince of Wales Northern Heritage Centre ）是西北地区政府级别的博物馆和档案馆，对于记录和保护有关西北地区的文化和历史有着重要的作用，同时也对当地的教育事业有很大的帮助。馆内的收藏品包括绘画、雕塑、服装、狩猎和劳动工具、地质样品等，能让游客最大限度地了解当地的历史和文化。

旅游资讯

- 4750 48 St.,Yellowknife
- 867-7679347
- 周一至周日10:30～17:00，周四延迟到21:00
- www.pwnhc.ca

耶洛奈夫高性价比住宿地推荐

耶洛奈夫曾是加拿大著名的淘金小镇，现在是著名的旅游观光城，每年都吸引大量游客前来游玩，所以这里有很多住宿地可供选择。

住宿地推荐

高性价比宾馆/旅舍推荐				
名称	地址/电话	网址	参考价格	亮点
北部轻量汽车旅馆（Northern Lites Motel）	5115 50 St., Yellowknife/867-8736023	www.yellowknifehotel.com	双床房131加元	旅馆距离威尔士亲王博物馆较近
纳沃住宿加早餐旅馆（Narwal B&B）	5103 51 St.,Yellowknife/867-8736443	narwal.ca/bb	双床房共用浴室121加元；大号床套房147加元	旅馆俯瞰着大奴湖，每天供应包括新鲜出炉的松饼、谷类食物和果汁等欧陆式自助早餐，且距离市中心较近
珍妮住宿加早餐旅馆（Jenny's B&B）	5102 52 St., Yellowknife/865-4445456	www.yellowknifebnb.com	单人间100加元；园景大床房116加元	旅馆位于耶洛奈夫市中心，交通便利，距离北方边境访客中心（Northern Frontier Visitors Centre）仅750米

耶洛奈夫百里挑一的经济餐

耶洛奈夫虽然地处极北地区，但也能寻找到中餐馆的痕迹，如果思念家乡的口味，不妨就到下面的中餐厅去品尝美味吧。

寻找经济餐的好去处

红苹果家庭餐厅

红苹果家庭餐厅（Red Apple Restaurant）非常受当地人和游客的欢迎，这里有自助餐和非自助餐两种选择。推荐糖醋排骨（Sweet and Sour Ribs），大厨使用肉厚鲜美的肋骨，不添加味精等调味料进行烹饪，味道很鲜美。这里的汉堡和馄饨汤也非常受人欢迎。

旅游资讯

4701 50 Ave.,Yellowknife
867-7663388

马克餐厅

马克餐厅（Mark's Family Restaurant）是一家中西结合的餐馆，这里不仅有各种西方美食如汉堡、煎鱼、意面等，还有许多中式美食，比如鸡蛋卷（Egg Roll）、春卷（Spring Roll）、麻婆豆腐（Mopo Tofu）、上海鲜虾面、港式面条等，这些菜肴的味道都能让人有种回到家乡的亲切感。

旅游资讯

5102 50 Ave Lower Level,Yellowknife
867-9207878

The Black Knight Pub

这是当地很有名的一家酒吧，每天都非常热闹，很多当地人在此喝酒聊天。他家的汉堡和薯条非常美味，喜欢汉堡的游客一定要来这里尝尝。

旅游资讯

4910 49 St.,Yellowknife
867-9204041
www.blackknightpub.com

耶洛奈夫不花钱的娱乐活动

耶洛奈夫的节日活动并不多，但是如果你恰逢3月底到达耶洛奈夫，那一定不要错过这里的大力神狂欢节，你可以在节日期间和许多当地人一起体验无可比拟的彻夜狂欢。

不花钱的娱乐活动

大力神狂欢节

大力神狂欢节是加拿大北部的大型节日，节日期间，游客可以在耶洛奈夫欣赏冰雕，体验火鸡保龄球，观看曲棍球锦标赛，探访世界上美轮美奂的冰雪城堡。冰雪城堡旁正是世界上最大的淡水湖之一，游客在此还可体验到无可比拟的彻夜狂欢。

旅游资讯

3月25日至3月27日

岩石乡村音乐节

岩石乡村音乐节是由岩石乡村音乐节的创始人Rod Russell和他精力充沛的民谣乐团在弗莱姆湖岸边举行了一场小型户外演出演变而来，而后创始人和民谣团队将其带到长湖，逐渐发展成了今天的盛事。游客可以在节日期间，感受当地特别的音乐氛围。

旅游资讯

7月14日至7月16日，每年时间可能会有不同具体时间查看官网

folkontherocks.com

Chapter FIVE 加拿大东部大西洋区

哈利法克斯

哈利法克斯最优出行方案速查

机场到市区

哈利法克斯国际机场（Halifax Stanfield International Airport）是加拿大新斯科舍省哈利法克斯的国际机场，是加拿大第七繁忙机场。加拿大多伦多、温哥华、卡尔加里等地都有直飞航班到达哈利法克斯。

哈利法克斯国际机场信息	
地址	1 Bell Blvd,Enfield
电话	902-8734422
网址/二维码	hiaa.ca

机场至市区交通			
交通方式	介绍	票价	省钱攻略
公交车	320路公交在早高峰6:00～9:00和15:00～18:00期间每30分钟一班从机场前往市中心	成人3.5加元；儿童2.75加元	—
海上巴士	提供机场和市内各大酒店之间路线，为季节性服务班车，5月1日至10月31日运行	单程成人22加元，往返40加元	可购买往返票
出租车	可在加拿大国内到港区乘坐出租车前往市区	到市中心约63加元	2人以上可以考虑打车

哈利法克斯玩点速览+线路推荐

玩点速览

哈利法克斯公共花园

哈利法克斯公共花园（Halifax Public Gardens）坐落于哈利法克斯市中心，于1867年修建，占地超过60000平方米，是北美地区公认的最华美的维多利亚式城市花园，目前已被列为国家历史景点。哈利法克斯公共公园内草木繁盛，并设有独具创意的雕塑、美丽的花坛、绚烂的花圃、碧绿典雅的小桥等景致。

旅游资讯

- 5665 Spring Garden Rd.,Halifax
- 902-4905057
- www.halifax.ca/publicgardens

TIPS 公园内还有一个音乐台，每到夏季周日的下午会有音乐会举办，当天众多音乐爱好者会聚于此，可享受最悦耳、最振奋人心的音乐。此外，风光优美的公园也是众多情侣拍婚纱照和举行婚礼的地方。

新斯科舍艺术馆

新斯科舍艺术馆（Art Gallery of Nova Scotia）位于哈利法克斯市中心，是新斯科舍省最大、最知名的艺术馆，也是欣赏艺术的最理想之地。艺术馆收藏有15000多件艺术作品，种类繁多，让人赞叹不已。馆内的收藏有传统的经典肖像画、新斯科舍省民间艺术作品、知名大师的杰出油画、因纽特人的石雕等，此外，还有纸上艺术、版画、照片、瓷器等众多领域。除了固定收藏和展览外，新斯科舍艺术馆还会定期举办临时展览，以便让更多的人来此了解艺术、欣赏艺术。

旅游资讯

- 1723 Hollis St.,Halifax
- 902-4245280
- 周二、周三、周五、周六10:00～17:00，周四10:00～21:00（17:00～21:00免费），周日12:00～17:00
- 成人12加元，6～17岁儿童5加元，5岁及以下儿童免费，家庭票（2名成人+3名儿童）25加元
- artgalleryofnovascotia.ca

哈利法克斯自然历史博物馆

哈利法克斯自然历史博物馆（Museum of Natural History）位于哈利法克斯城堡山以西。馆内展示了不同时期的动植物标本，是了解本地生态环境、探寻原住民生活的好地方。这间自然历史博物馆虽然规模不大，但内容丰富。夏季每天都有特别节目，诸如向小孩子介绍一个名叫Gus的老龟——它已经90多岁了，算得上是博物馆内最资深的员工。

旅游资讯

- 1747 Summer St.,Halifax
- 902-4247353
- 11月1日至次年5月17日周二至周日9:00～17:00，周三延迟到20:00，周一不开放；5月18日至10月31日周一至周日9:00～17:00，周三延迟到20:00
- 成人6.3加元，学生5.25加元，儿童4.05加元
- naturalhistory.novascotia.ca

卢嫩堡古城

旅游资讯

- Lunenburg,NS

卢嫩堡古城（Lunenburg）位于哈利法克斯西南约70公里处，是新斯科舍省的第一块英国殖民地，1995年卢嫩堡古城作为文化遗产被列入《世界遗产名录》。古城内有400多座色彩亮丽的建筑，完整地保留了英国殖民时期的建筑风格和英式文化，长期以来与当地风俗文化相融合，形成了一道独特的风景。

TIPS 在卢嫩堡古城随处可以感受到加拿大传统文化的魅力，在这里，不仅可以观看到铁匠用传统的技艺制作桶箍，还可以乘坐马车欣赏镇上的美景。此外，港湾停靠的蓝鼻子二号（Bluenose II）曾是世界上最快的捕鱼纵帆船，如今已经成为新斯科舍省的标志，还被印在加拿大的钱币上。

马洪湾

马洪湾（Mahone Bay）是一座法国殖民地风格的滨海小镇，风光秀美，林荫水畔多彩的木屋是这里不可错过的风景。这里的地标建筑是镇上3座建筑风格迥异的教堂，它们分别代表了不同的宗教，却并排而立，一同倒映在前方的湖水中，这种情形在对宗教有着严格区别的西方是极为少见的。

旅游资讯

Mahone Bay,NS

佩姬湾

佩姬湾（Peggys cove）是一个距离哈利法克斯约43公里的小渔村，也是新斯科舍省最繁忙的景点之一，被誉为“北美洲最上镜的渔村”。漫步在佩姬湾，目之所及尽是一幅幅动人的画面，海岸边的房屋在碧海蓝天的背景下静静屹立，红顶白身的灯塔耸立在岸边的岩石上，没有喧嚣，没有烦扰，一切都透露着一种未曾雕饰的自然之美。

旅游资讯

Peggys Cove, NS

线路推荐

DAY 1

哈利法克斯公共花园➡新斯科舍艺术馆➡哈利法克斯自然历史博物馆

哈利法克斯公共花园 / 漫步在美丽如画的公共花园内

步行15分钟

新斯科舍艺术馆 / 欣赏各类艺术展品

步行18分钟

哈利法克斯自然历史博物馆 / 参观各类展品，了解原住民历史

DAY 2

卢嫩堡古城➡马洪湾

卢嫩堡古城 / 欣赏古城临水而建的彩色房子景观

乘车约13分钟

马洪湾 / 参观镇上3座风格迥异的教堂

哈利法克斯高性价比住宿地推荐

哈利法克斯住宿地主要集中在市中心及其周边，种类齐全，经济酒店、青年旅舍、住宿加早餐旅馆各类选择应有尽有，可以满足不同要求的游客。

住宿地推荐

高性价比酒店推荐				
名称	地址/电话	网址	参考价格	亮点
巧克力湖贝斯特韦斯特优质酒店（BEST WESTERN PLUS Chocolate Lake Hotel）	250 Saint Margaret's Bay Road, Halifax/902-4775611	—	大床房130加元；双床房137加元	酒店内部设有健身室和互动游戏室，且距离维多利亚公共花园较近
康梦思酒店（Commons Inn）	5780 West St.,Halifax/902-4843466	www.commonsinn.ca	大床房和双床房98加元；豪华大床房108加元；豪华双床房117加元	酒店位于哈利法克斯闹市区，周围购物、吃饭便利。内部设有全套欧式早餐，还配有一间会议厅和免费泊车服务
切布托酒店（Chebucto Inn）	6151 Lady Hammond Rd.,Halifax/902-4534330	chebuctoinn.com	标准双床房111加元	酒店距离哈利法克斯市中心逛街地较近，交通便利，服务设施较好

高性价比宾馆/旅舍推荐				
名称	地址/电话	网址	参考价格	亮点
四季汽车旅馆（Seasons Motor Inn）	4 Melrose Ave.,Halifax/902-4439341	www.seasonsmotorinnhalifax.com	禁烟大床房88加元；禁烟双床房和禁烟特大号床100加元；禁烟大号公寓111加元	汽车旅馆距离哈利法克斯市中心较近，购物和吃饭非常方便，每天早上提供清淡早餐，每间客房均设有微波炉和冰箱，且距离哈利法克斯公共花园较近
你好–哈利法克斯旅馆（HI-Halifax）	1253 Barrington St.,Halifax/902-4223863	www.hihostels.ca	女生宿舍单人床位、男生宿舍单人床位和混合宿舍单人床位35加元	旅馆位于哈利法克斯老城区的核心区，交通便利，内设有宾客自动干洗店以及传真和复印配套设施

哈利法克斯百里挑一的经济餐

哈利法克斯地处沿海地区，盛产海鲜，来到这里，一定不可错过海鲜大餐，像牡蛎、贻贝这样的海鲜是你就餐必点的美味。

寻找经济餐的好去处

Your Father's Moustache

Your Father's Moustache是哈利法克斯一家比较出名的餐厅，他家的菜可以说物美价廉。在这里你可以看到许多不愿做饭的留学生前来觅食，尤其是每周四，这家店的鸡翅有打折活动，届时店里会挤满各类食客。

旅游资讯

- 5686 Spring Garden Rd., Halifax
- 902-4236766
- yourfathersmoustache.ca

媒体帮餐厅&牡蛎酒吧

媒体帮餐厅&牡蛎酒吧（The Press Gang Restaurant & Oyster Bar）是一家位于哈利法克斯市区的亚洲餐厅，坐落在一栋古老的建筑内，环境幽雅。他家的特色是鱼肉、海鲜、鸡肉料理等，都非常美味，尤其是新鲜的龙虾、扇贝、烤鱿鱼，再配上正宗的加拿大葡萄酒，绝对是一种享受。

旅游资讯

- 5218 Prince St.,Halifax
- 902-4238816
- www.thepressgang.ca

五个渔夫

五个渔夫（Five Fishermen Restaurant）是一家地道的海鲜餐厅，他家新鲜的龙虾、鲑鱼、大比目鱼等都非常美味。在这里就餐可以免费享用蘸黄油和柠檬汁吃的蒸贻贝，还有免费的沙拉额外送，可以随时续盘。

旅游资讯

- 1740 Argyle Street, Halifax
- 902-4224421
- www.fivefishermen.com

哈利法克斯本地人爱去的购物地

本地人爱去的商场

哈利法克斯购物中心

哈利法克斯购物中心（Halifax Shopping Centre）是当地一家大型的综合商场。在这里，你可以买到大部分品牌的各种产品，包括服饰、厨具、酒、珠宝、皮包、鞋等。购物中心的二层还有很多美食，可在Food Court买到各类零食。

旅游资讯

- 7001 Mumford Rd.,Halifax
- 902-4531752
- www.halifaxshoppingcentre.com

哈利法克斯不花钱的娱乐活动

哈利法克斯是大西洋沿岸最大的城市，这里每年都会举行热闹非凡的哈利法克斯爵士音乐节，前身曾是著名的大西洋爵士乐节，喜欢爵士乐的游客，可以前来感受这盛大的爵士艺术。

不花钱的娱乐活动

哈利法克斯爵士音乐节

哈利法克斯爵士音乐节是加拿大大西洋地区最古老、规模最大的夏季节日，也是哈利法克斯市最具代表性的艺术节，每年都会吸引众多当地人和游客前往。音乐节期间，每天下午都有免费的露天爵士表演，晚间节目有世界各地音乐、经典爵士三重奏等多种选择。

旅游资讯

- 7月12日至7月17日，每年时间略有不同，具体时间可查询官网
- www.halifaxjazzfestival.ca

哈利法克斯→夏洛特敦

来回交通

乘飞机

夏洛特敦机场（Charlottetown Airport）是加拿大爱德华王子岛省的机场，位于爱德华王子岛夏洛特镇的北部5.6公里。哈利法克斯每天有多班直飞夏洛特敦机场的飞机，约38分钟就可到达。

夏洛特敦机场信息	
地址	250 Maple Hills Ave.,Charlottetown,PE
电话	902-5667997
网址/二维码	www.flypei.com

从机场至市中心可以乘出租车前往，约需10分钟，花费约14加元。

乘长途大巴

乘坐阿卡迪亚线长途大巴从哈利法克斯出发，到达夏洛特敦约需6个小时，乘坐PEI摆渡大巴约需4.5小时。

夏洛特敦亮点速览

景 联邦艺术中心

联邦艺术中心（Confederation Centre of the Arts）建于1964年，是一个包含剧场、美术馆、博物馆、图书馆等综合的文化设施场地。在这里，游客不仅可以参观加拿大历史长河中各种各样的艺术品，每年6月中旬至9月下旬之间在剧场举办的音乐戏剧节上还能看到改编自《绿山墙的安妮》的音乐剧。

旅游资讯

- 145 Richmond St.,Charlottetown
- 800-5650278
- www.confederationcentre.com/en

景 省议会厅国家历史遗址

省议会厅国家历史遗址（Province House National Historic Site）位于夏洛特敦的核心位置，建于1847年，是夏洛特敦的标志性建筑，也是爱德华王子岛省议会的所在地。这里是1864年为成立加拿大联邦而首次召开英属北殖民地代表会议的地方，被称为“加拿大诞生地”。遗址前的青铜像是战亡者纪念碑，也作为建国之父等代表者起事的历史场地而被熟知。

旅游资讯

- 165 Richmond St.,Charlottetown
- 902-5667050
- www.pc.gc.ca/eng/lhn-nhs/pe/provincehouse/index.aspx

景 加拿大联邦大桥

加拿大联邦大桥（Confederation Bridge）也称跨“冰海联邦大桥”，位于加拿大东海岸的圣劳伦斯湾，跨越诺森伯兰海峡（Northumberland St.rait），是连接爱德华王子岛与新不伦瑞克省之间的桥梁。大桥建于1997年，全长约13公里，使用了65个

桥墩，还设计了3个转折弯道，是20世纪加拿大最伟大的工程。

旅游资讯

- Confederation Bridge,Borden-Carleton
- www.confederationbridge.com

景 爱德华王子岛国家公园

爱德华王子岛国家公园（Prince Edward Island National Park）位于加拿大爱德华王子岛北岸，建于1937年，用以保护沙滩、沙堆以及淡水和咸水湿地，被加拿大认定为重要的鸟类区域，尤其是濒临灭绝的笛鸻。漫步在国家公园内，可感受这里清新的空气、徐徐的海风，欣赏大自然的美景。

旅游资讯

- Prince Edward Island,Canada
- 902-6726350
- www.pc.gc.ca/eng/pn-np/pe/pei-ipe/visit.aspx

景 绿山墙的安妮主题公园

绿山墙的安妮主题公园（Avonlea-Village of Anne of Green Gables）建于1999年，是加拿大爱德华王子岛卡文迪什市古老和现代的建筑的结合。Avonlea是出自岛上的著名作家露西·莫德·蒙哥玛丽（Lucy Maud Montgomery）的著作《绿山墙的安妮》中给卡文迪什的化名，这里重现了书中的大部分场景。在这里，书迷们可以走进安妮的世界，与角色们互动，还可以参加各种活动。

旅游资讯

- 8779 Route 6,Cavendish
- 902-9633050
- 6月18日至6月30日10:00～18:00,7月至8月10:00～20:00，9月1日至9月5日10:00～18:00
- www.avonlea.ca

爱德华王子岛上的农场

APPENDIX 附录

应急电话

加拿大应急电话	
名称	电话
紧急求助电话（警察，消防，救伤）	911
电话查询	411
儿童求助电话	800-6686868
多伦多警察局华语专线	416-8083681
温哥华和西温警局华语专线	604-6885030
加航中文服务电话	888-9188888

驻加拿大使领馆

中国驻加拿大使领馆			
名称	地址	电话	网址
中华人民共和国驻加拿大大使馆	515 St. Patrick Street,Ottawa	613-7893434	ca.china-embassy.org/chn
中华人民共和国驻多伦多总领馆	240 St. George st.,Toronto	416-9647260	toronto.china-consulate.org/chn
中华人民共和国驻温哥华总领馆	3380 Granville Street,Vancouver	604-3368866	vancouver.china-consulate.org/chn
中华人民共和国驻蒙特利尔总领事馆	2100 Ste-Catherine West，8th floor, H3H 2T3 Montréal	514-4196748	montreal.chinese consulate.org/chn/zjfw/lxwm
中华人民共和国驻卡尔加里总领事馆	Suite 200 Century Park Place,855-8th Ave.,SW.,Calgary	403-9302288	calgary.china-consulate.org/chn

出行安全

财物盗抢

中国领事馆曾多次发出声明，告诫中国游客在国外旅游时，一定要注意自己的人身以及财产安全，因为在旅游季节会发生一些财务盗窃事件，停车时，请不要将自己的贵重物品和重要证件放置在车中，一定要随身携带，防止被窃。车辆也要停在有安保人员看护的正规停车场，以防止车辆被偷，或者被砸等现象。在夜晚切记不要自己单独到人少的地方走动，儿童一定要有成人进行看护。为了我们在旅行时有一个愉悦的心情，不要因为不必要的麻烦而影响了游玩，应该最大限度地做好防御准备。

护照遗失

护照遗失是旅行中常见的现象，如果发现自己的护照遗失，第一时间要到当地的警察局进行报失处理，由当地的警察局开出护照报失证明，然后携带当地警察局所开出的报失证明到最近的大使馆去办理护照补发，并且还要携带身份证原件及复印件、护照照片、遗失护照复印件、书面申请，以及护照申请表，由于补办周期较长，而且程序烦琐，建议大家出门一定要保护好自己的财产，尤其是相关证件。

健康疾患

健康问题是我们出行中最为重要的，如果你到了加拿大感到身体不适，水土不服，一定要第一时间回到住所，调整一下，如果没有好转，就要马上到医院进行治疗。加拿大的医疗费用对于当地人来说大部分是免费的，但是对于旅游者来说是非常昂贵的，到附近的小医院挂个号就要400多加元，如果住院的话一夜最少也要2000加元起，所以出门旅游时一定要照顾好自己的身体，毕竟健康排在第一位。

TIPS 加拿大紧急医疗救助电话，拨打911，他们会连线当地最近的医院进行救助。

车祸隐患

加拿大在旅游高峰期时，各国游客非常多，而且大多数外国游客都会选择自驾游，这种方式较为方便，但与此同时，也伴随着安全隐患。自驾游的游客在外一定要注意安全，遵守交通规则，切记勿抢道、堵道，更不要做频繁闪灯、鸣笛等一些不礼貌的行为。出行前一定要熟读加拿大交通规则。

加拿大的交通效率十分高。对于没有红绿灯的路口，不管有没有行人或是车辆通行，所有的车辆都必须先停下来，确认可以通行之后才能重新启动。通常是先到先过，同时到达路口的车辆，先发动引擎的车辆自然先过。所以，在加拿大开车的游客一定要礼让行人，避免交通事故的发生。

TIPS 遇到交通事故后先要冷静的记录下涉事人的相关信息、事故时间地点和拍下事故现场照片，之后立刻打电话报案。紧急情况下可以拨打911，非紧急情况下可以拨打当地警察局电话。

留意预警信息

在出行前，需浏览中国领事服务网（cs.fmprc.gov.cn），关注加拿大的最新动态，为出行做好充足的准备，并且每到一个地方，要先熟记离自己最近的大使馆的电话号码，以防止遇到一些不必要的麻烦。

自驾常识

加拿大交通规则与中国相似，也是靠右驾驶，但多数安全法规是由各省或地区自行决定，所以出行到各省前请务必了解所前往地区的具体规定。

租车

租车公司

加拿大的租车点有很多，除了机场外，各大公司在加拿大各大城市和一些重要城镇里都设有很多租车网点。

加拿大主要租车公司推荐	
名称	网址
Discount Car	www.discountcar.com
Avis	www.avis.ca
Enterprise	www.enterprise.ca
Budget	www.budget-china.com
Hertz	www.hertz.com
National	www.nationalcar.ca

租车比价网站

可提前在网上比较几家大型租车公司的价格，然后再选择最合适的进行预订。

租车比价网站推荐		
名称	特色	网址
租租车	提供多国完善的租车代理服务，价格比直接到Hertz，Avis这些租车网站便宜，在租租车网站可以做好预订，凭电子订单到达目的地直接取车，通常可以节省20%～30%租金，而且不限里程，可以免费提前取消或修改订单	www.zuzuche.com

续表

名称	地址	网址
Discount Car	车况比较好，而且配置高，可以单日租，但是不接受电话预约，可以网上预约	www.discountcar.com
Expedia.cn	可以查Rentalcars，网站上可以选不同的租车公司，并有配套服务，比如机票加上住宿和租车	www.expedia.cn
Rentalcars.com	是Priceline旗下的租车网站，提供比价搜索服务。主要比较 Hertz、Avis、Europcar、Alamo、Budget、National、Dollar和Thrifty这8家网站的数据，并号称是有“最低价格保证”的承诺，提供中文预订服务，信用卡预订，可以取消和更改	www.rentalcars.com
Hotwire	Hotwire是一家组合旅游网站，能够用到比原来租车行的价格还要便宜的价格租走Hertz或者Avis公司的车	www.hotwire.com

TIPS 如果我们选择到当地租车进行旅游时，一定要购买租车保险，租车人员会给你出示相关保险，如果你已购买了海外旅游险的话，可以不用购买此保险。

需携带物品

中英文地图

出门前，地图是必须备好的，到网上或者书店购买一份加拿大中英文的地图，或者下了飞机到机场的服务台索要一份也是可以的。如果丢失的话，也可以到附近的加油站向工作人员要一份，毕竟出门在外有时候手机没有信号，有一份地图在身上还是比较安心的。

GPS导航仪

GPS导航仪是我们出行必备的物品，当你在国外不熟悉路况的情况下，其可提供建议路线规划、语音提示和图像提示，是你出行的最佳小助手。

必备物品

出行时，背包里一定要有小的急救箱、指南针和水等必备物品。如果你是自驾的话，就一定要备好备胎，防止发生爆胎等不必要的麻烦。

自驾注意事项

避让行人和校车

加拿大在交通方面是很有礼貌的，这点游客们一定要注意，如果你前面有校车或者行人的话，一定要让他们先行通过。

必须系好安全带

司机在驾驶的时候，无论前后座，都要带上安全带，如果是孕妇的话，视情况而定，婴幼儿的话必须要坐在儿童椅上，被交警看到将进行巨额罚款。

切勿疲劳、超速、醉酒或无照驾驶

加拿大的监视器是非常多的，几乎每个街口、红绿灯处都会安放监视器，所以超速这个问题一定要注意，切记，不可超速，而且在放学期间，行驶到学校附近的话，一定要将车速限速到40公里/小时，而且酒驾、疲劳驾驶是坚决禁止的，一旦拍到或被交警查到，是要入狱负刑事责任的。

注意路况

加拿大的路况较好，而且大部分的高速公路线路都较长、路面较宽，且车速较快。行车时，一定要注意高速公路的限速标识、下口提示标识、服务标识、并路标识、禁入标识和方向标识等，防止隐患出现，以造成不必要的麻烦。

开车前近光灯

加拿大冬季全天需要开车前近光灯，以减少事故的发生，即使在夏季也有许多车都会开着前近光灯。另外，太阳下山后半个小时开始一直到太阳出来前半个小时以及天气不好的时候是必须要开车前近光灯的。